정서중심치료 수퍼비전의 핵심

Leslie S. Greenberg · Liliana Ramona Tomescu 공저 | **한기백** 역

SUPERVISION ESSENTIALS FOR EMOTION-FOCUSED THERAPY

학지사

Supervision Essentials for Emotion-Focused Therapy
by Leslie S. Greenberg, PhD and Liliana Ramona Tomescu, PhD, CPsych

한국어판 추천 서문

『정서중심치료 수퍼비전의 핵심』의 한국어 번역판에 추천서를 쓰게 되어 매우 기쁩니다. 특히, 한기백 박사가 이 책의 번역 작업을 진행하는 기간에 한 박사를 계속 수퍼비전할 수 있어서 더욱 기쁩니다. 한 박사는 저와 수퍼비전을 하면서 이 책의 번역 작업을 한 경험이 수퍼비전 과정에 대한 이해를 배가하고 깊게 해 주었다고 알려주었습니다.

한기백 박사는 서강대학교 교육대학원 상담심리학 프로그램의 교수이자 숙련된 치료자로서 이 책의 번역을 맡기에 매우 적합한 자격을 갖추고 있습니다. 한 박사는 한국정서중심치료연구회(KIEFT)를 설립하였는데, 이 연구회는 한국에서 많은 정서중심치료(EFT) 워크숍과 훈련 프로그램을 조직하고 진행해 왔습니다. 한 박사는 수년 전 캐나다를 방문해 나와 함께 EFT 훈련을 하였고, 현재 한국에서 EFT 훈련과 치료에 관여하고 있으며, 이제는 EFT 수퍼바이저로 활동하고 있습니다. 이러한 배경 덕분에 한 박사는 이 책을 번역하는 데 필요한 뛰어난 자격과 능력을 갖추고 있습니다.

이 책은 내가 수퍼비전하는 방법과 수퍼비전의 과정에 포함된 요소들을 설명하고 수퍼비전 모델을 구축하려는 시도의 일환으로 저술되었습니다. EFT는 심리치료의 변화 과정을 이해하기 위해 발견 지향적인 과제분석 방법을 사용해 왔는데, 이 방법은 과제에 참여하는 사람들의 실제 수행을 관찰하고 기술합니다. 따라서 내가 심리치료 수퍼비전 방법에 관한 연구를 할 때도 이와 유사한 방법을 사용한 것은 당연하였습니다. 나는 이 책의 번역이 한국 전역에서 EFT 수퍼비전을 촉진하는 데 도움이 되기를 바랍니다. 수퍼비전은 수련자들이 숙련된 치료자가 되는 방법을 배우는 실제적인 장입니다. 따라서 수퍼비전에 관한 도서를 갖는 것은 치료자 교육에 도움이 될 것입니다. EFT는 정서의 자각, 체험, 표현이 인간 기능의 중요한 측면이며, 이를 통해 삶에 색깔과 의미를 제공한다는 것을 강조하는 접근입니다. 따라서 EFT 기술을 통달하기 위해서는 수퍼비전이 필수적입니다.

수퍼바이저들은 이 책을 활용해 수련자들이 EFT의 방법을 통해 지지적인 관계를 형성하고, 치료 회기에서 과제를 다루고 해결하도록 안내할 수 있을 것입니다. 수련자들은 정동(affect)에 대한 공감적 조율을 활용하고, 정서 자각을 증진하며, 정서로 정서를 변화시키는 방법에 대한 수퍼비전을 받게 될 것입니다. 정서는 보편적입니다. 우리는 문화나 민족과 관계없이 정서적으로 매우 비슷합니다. 하지만 정서를 표현하는 규칙은 문화에 따라 다른데, 이는 치료자 교육에서 고려해야 할 중요한 점입니다. 한국에서 성장한 한국어 원어민들은 EFT가 한국 문화에 맞도록 도울 수 있는 가장 좋은 위치에 있습니다. 따라서 EFT를 한국 문화에 맞게 조정할 수 있는 한국인 수퍼바이저를 훈련하는 것은 매우 중요합니다. 훈련은 수퍼비전을 통해 가장 잘 달성될 수 있는데, 예를 들어 한국 문화에서 치료자를 훈련할 때는 효(孝)의 역할을 좀 더 충분히 인식하는 것입니다. 이 책이 한국의 수퍼바이저들이 수련자들에게 정서를 직접 다루는 것이 심리적 고통을 덜어 주고 치료적 변화를 촉진하는 방법임을 훈련하는 데 도움이 되기를 바랍니다.

2024년 11월 29일

Leslie S. Greenberg, Ph.D.

역자 서문

EFT를 Greenberg 박사님께 수련받기 시작한 지 어언 8년이 되었다. 다양한 심리치료 접근들을 경험하며 나에게 맞는 치료적 접근을 찾아온 25년의 여정 끝에 도착한 EFT는 내게 감동과 확신, 안전함과 정체감을 제공하였다. 하지만 그간 대학에 봉직하며 강의와 학사, 연구에 매진하느라 내 가슴속의 EFT를 더욱 활성화, 체계화, 심화할 시간을 나 자신에게 충분히 허락하지 않은 것 같아 살짝 아쉽다.

이 책의 번역은 2024년 11월에 1차 완료되었었다. 이후 가족과 미국 모교에 연구년을 와서 적응하느라 또 저자의 의도를 최대한 정확하게 전달하면서도, 독자들이 이해하기 쉽게 번역해야겠다는 EFT 수퍼바이저로서의 사명감과 책임감으로 교정에 생각보다 많은 시간이 소요되었다. 특히 이 책은 EFT 수퍼바이저뿐 아니라 EFT 전문가를 지향하는 수련자들에게 수퍼비전과 치료 과정에 대한 보석과 같은 소중한 정보들을 구체적으로 제공하고 있기 때문이었다. 오랫동안 이 책의 출간을 기다려 주신 분들께 미안함과 고마움을 먼저 전하고 싶다.

EFT는 엄격한 실증적 연구에 기반한 증거기반치료로 우울, 불안, 부부갈등, 관계 트라우마, 섭식장애, 경계선 성격 특성, 가족관계 문제에 효과적인 것으로 입증되어 왔고, 지금도 계속 성장, 발전, 확장하고 있는 접근이다. EFT는 얼핏 보면 단순하고 기법 중심적인 접근으로 인식될 수 있지만, 배움과 수련을 이어갈수록 그 치료적 원리와 과정의 간명함과 깊이, 체계성과 섬세함에 놀란다.

한국에서 석사학위를 하고 대학상담실에서 3년을 근무했지만, 수퍼비전이 어떤 것인지는 미국에서 박사과정을 하며 깊이 체험하게 되었다. 박사과정 중에 약 900시간의 수퍼비전을 받았는데, 녹화된 내담자와의 상담 회기를 늘 수퍼바이저와 함께 시청하며 점검하였다. 전문가 수련에서 회기 동영상은 내담자와 상담자의 역동적이면서도 섬세한 언어적, 비언어적 상호작용을 엄밀히 관찰하고 점검할 수 있게 하기에 매우 유익하고 중요하다. 이런 이유로 지금도 나는 내담자의 동의하에 거의 모든 회기를 녹화한다. 내담자에게 좀 더 효과적인 상담 서비스를 제공할 방안을 탐색하고 치료자로서의 나의 역량을 계속 연마하기 위해서다.

내가 지금까지 받아온 수퍼비전의 정점은 지난 5년간 Greenberg 박사님께 받은 EFT 수퍼비전이다. 녹화된 회기 중 30분을 선별해 비언어적 반응이 섬세히 기록된 축어록을 영문으로 작성한 후 녹화 자료와 함께 보내드리면, 박사님은 축어록에 핵심적인 피드백을 달아 수퍼비전 시간 전에 돌려 주신다. 이후 온라인 줌으로 만나 녹화물과 축어록을 함께 살펴보며 내가 내담자와 매 순간 어떻게 상호작용하고 있는지, 어떻게 하면 좀 더 효과적으로 내담자를 조력할 수 있을지를 논의한다. 이러한 수퍼비전의 준비와 실행 과정이 쉽지는 않았지만, 박사님과의 수퍼비전 시간은 개방적이고 진솔한 논의와 숙고, 새로운 알아차림으로 가득 찼다. 내가 내담자와 순간순간 어떻게 언어적, 비언어적으로, 특히 정서적으로 상호작용하는지를 공감적으로 탐색, 타당화, 조력해 주시는 태도와 방식에 매번 놀라고, 기쁘고, 감사하다.

EFT 수퍼비전은 수련자와 수퍼바이저의 관계를 평등하고 협력적인 동반자로 설정하고 수련자가 수퍼비전이 나아갈 방향을 가장 잘 안다고 믿는다. 또한 수퍼바이저의 역할은 교사(teacher), 상담자(counselor), 조언자(consultant)로 상정하고, 모델링을 통해 수련자가 내담자를 효과적으로 조력하도록 돕는다. 내가 특히 좋아하고 자부심을 느끼는 EFT 치료와 수퍼비전의 요소는 치료자의 전문적 기술과 역량 증진에 중점을 두면서도 치료자 자신의 자기 돌봄과 성장을 촉진한다는 점이다. EFT는 다양한 관계적 삶에서 진솔하게 나 자신이 되어 가고(becoming myself), 나 자신이도록(being myself) 조력하는 멋과 힘을 가진 치료적 접근이라고 믿기에 이 소중한 배움과 성장의 도정에 동료 상담자들을 정중히 초대하고 싶다.

이 역서는 멘토이신 Greenberg 박사님의 한결같은 지지와 가르침, 따뜻한 보살핌이 없었다면 그 모습을 드러내지 못했을 것이다. 전 세계 곳곳에서 수많은 워크숍과 수련들을 이끄시고 또 노구에도 여전히 여러 도서와 논문을 집필하는 바쁘신 와중에도 수퍼비전 요청을 마다하신 적이 없으셨다. 2018년 여름 토론토 York University에서 첫 수련의 길을 터주신 이후, EFT를 한국에 뿌리내리고 성장, 발전시키려는 나의 노력에 전폭적인 지원을 아끼지 않아 주셨다. 늘 감사와 존경을 드린다.

이 역서의 준비와 출간에 여러 분들이 큰 도움을 주셨다. 먼저 학지사의 김진환 대표님께 감사드린다. 뜬금없이 가끔 연락을 드림에도 늘 따뜻하게 맞아 주시고, EFT 신간 원서가 나오면 내게 먼저 번역 가능 여부를 물어 주신다. 이 책의 번역도 이러한 배려로 시작할 수 있었다. 백소현 실장님과 편집부 직원들께도 감사드린다. 여러분들의 섬세하고 엄밀한 교정 작업이 본 역서를 더욱 빛나게 하였다. 덧붙여, 가까이서 멀리서 영적으로 든든한 응원과 지지를 주시는 멘토 김정택 신부님과 스승 심혜숙 교수님께 감사드린다. 자주 찾아뵙지는 못하지만 두 분은 내가 믿고 의지하는 크고 따뜻한 언덕이시다. 어세스타(ASSESTA)의 김명준 대표님과 사모님께도 늘 감사드린다. 두 분은 나의 가톨릭 혼인식의 증인이시고 아내의 대모이신 인연도 있지만, 늘 넓고 깊고 따스한 가슴으로 나와 우리 가정을 보살펴 주신다. 한국정서중심치료연구회(KIEFT) 임원들과 제자들에게도 깊은 고마움을 전한다. EFT를 한국에 뿌리내리는 대장정에 늘 든든하게 함께해 주고 있기에 지금의 내가 있고 연구회가 있다. 끝으로, 늘 바쁜 척하는 나를 곁에서 묵묵히 지켜보며 한결같은 응원과 지지를 해 주는 아내 미정과 멋진 사춘기 숙녀로 커 가는 딸 혜인, 자신만의 색깔과 멋이 충만한 아들 태인에게 깊은 감사와 사랑을 전한다.

2025년 6월 20일
한기백

임상 수퍼비전 시리즈 서문

우리 두 사람은 임상 수퍼바이저이다. 우리는 치료자가 되고자 수련 중인 학생들을 수퍼비전하는 교과목을 가르치고, 수퍼비전에 관한 워크숍을 진행하며, 수퍼바이저들에게 수퍼비전 실제에 대해 조언을 제공한다. 우리는 수퍼비전에 대해 글도 쓰고 연구도 한다. 우리는 수퍼비전이란 음식을 먹고, 수퍼비전이란 공기로 숨을 쉰다고 말하면 다소 과장되어 보일 수 있지만, 사실 그렇게 과장된 것은 아니다. 우리는 이 분야에 헌신하고 있으며 수퍼바이저들이 심리치료를 배우는 사람들에게 가장 정통적이면서도 도움이 되는 안내를 제공할 수 있도록 돕는 데 전념하고 있다. 또한 우리는 수련자/자문의뢰자/훈련생들이 수퍼비전 과정에서 자신의 책임을 이해함으로써 수퍼비전 작업에서 더 나은 협력자가 되도록 돕는 데 헌신하고 있다.

수퍼비전이란 무엇인가? 사실 수퍼비전은 심리치료의 실제에 결정적인 역할을 한다. 심리치료 수퍼비전 편람에서 Edward Watkins가 언급한 것처럼 "심리치료 수퍼비전이라는 체계가 없이는 … 심리치료라는 실제는 매우 의심스럽고, 존재하지 않거나 존재하지 않아야 한다"(p. 603).

수퍼비전은 "전문직종의 선임 구성원에 의해 보통(항상 아님) 동종의 초임 동료나 동료들에게 주어지는 개입"으로 정의되어 왔다. 이러한 수퍼비전 관계는

- 평가적, 위계적이고,
- 시간에 걸쳐 지속하며,
- 초임 구성원(들)의 전문가적 기능을 강화하고, 초임 구성원(들)이 내담자에게 제공하는 전문적 서비스의 질을 점검하며, 수련자가 들어가려는 특정 전문직종의 문지기 역할을 하는 것을 목적으로 한다.

문헌에 따르면 수퍼비전은 명백히 "뚜렷이 구별되는 활동"으로 인정받는다. 뛰어난 치료자가 훌륭한 수퍼바이저가 된다고 일반화할 수는 없다. 좋은 수퍼바이저가 되는 길은 단지 학문적 교수법을 통해 "가르쳐질" 수도 없다.

그러면 좋은 수퍼바이저가 되는 방법은 무엇인가?

수퍼비전은 심리학자는 물론 다른 정신건강 전문가가 되기 위한 핵심 역량 분야로 인정되고 있다. 국제적으로 전문가 집단들에서는 유능한 수퍼비전을 촉진하기 위한 지침들이 만들어져 왔다(예: 미국심리학회, 미국결혼과가족치료학회, 영국심리학회, 캐나다심리학회).

심리 건강 서비스에서 임상 수퍼비전의 지침은 몇 가지 가정에 기반하는데, 구체적으로 수퍼비전은

- 공식적인 교육과 훈련을 요구한다.

- 내담자/환자의 돌봄과 대중의 보호를 우선으로 한다.
- 수련자의 역량 획득과 전문가적 발달에 초점을 둔다.
- 수련되는 기초적, 기능적 역량 부분들에 대한 수퍼바이저의 능력을 요구한다.
- 수퍼비전과 수련되는 역량에 대한 최신의 증거에 기반한다.
- 상호 존중하고 협력하는 수퍼비전 관계에서 일어나는데, 이 관계는 촉진적 측면과 평가적 측면을 포함하며 필요하면 관계의 형성, 유지, 수정이 이루어진다.
- 수퍼바이저와 수련자 각자의 책임을 수반한다.
- 모든 전문적 실습 영역에서 다양성을 의도적으로 고취하고 통합한다.
- 가치, 태도, 신념, 대인관계 편견을 포함해 전문적, 개인적 요인들의 영향을 받는다.
- 윤리적, 법적 기준을 준수하면서 수행된다.
- 발달적이고 강점 기반의 접근을 사용한다.
- 수퍼바이저와 수련자 모두에게 성찰적 실천과 자기 평가를 요구한다.
- 수퍼바이저와 수련자 간에 양방향적 피드백을 포함한다.
- 수련자에게 기대된 능력의 획득에 대한 평가를 포함한다.
- 전문 분야를 위한 문지기 역할을 한다.
- 자문, 개인 치료, 조언과 구별된다.

수퍼비전의 중요성은 수퍼바이저의 자격은 물론 전문가 양성 프로그램 소속의 대학원생들이 완수해야 하는 다양한 수퍼비전 실습과 인턴십을 인증하는 주 정부의 법과 규정의 증가에서도 확인된다. 덧붙여, 연구들은 치료자들 사이에서 수퍼비전의 책임이 높아지고 있음을 확인해 왔는데, 구체적으로 모든 치료자의 85~90%가 치료 활동의 첫 15년 이내에 임상 수퍼바이저가 된다고 한다.

지금 우리는 양질의 수퍼비전이 얼마나 엄중한지와 그것이 얼마나 보편화되어 있는지 안다. 또한 유능한 수행과 인상적인 일련의 목표를 성취하기 위한 안내 지침도 갖고 있다. 하지만 이런 것이 좋은 수퍼바이저가 되기에 충분한 조건인가? 그렇지만은 않은 것 같다. 좋은 수퍼바이저가 되는 것을 배울 수 있는 가장 좋은 방법 중의 하나는 무엇을, 언제, 왜 해야 하는지에 대한 절차적 지식을 잘 아는 그 분야의 전문가이자 존경받는 수퍼바이저로부터 배우는 것이다.

이런 점들이 본 수퍼비전 시리즈를 만들게 된 동기다. 우리는 임상 수퍼비전을 수련하고, 가르치고, 연구하는 것을 돕는 제반 자료들을 살펴보았다. 하지만 놀랍게도 전문가 수퍼바이저의 관점에서 수퍼비전의 핵심 모델을 교육적, 체험적인 형태로 제시하려는 협력적인 노력이 없었다. 따라서 각 접근별로 접근에 대한 지식과 처치 경험이 풍부한 전문가들이 각 접근의 기초를 간명하고, 접근 가능하며, 읽을 수 있는 방식으로 제시함과 아울러 각 접근의 전문가가 실제 수퍼비전에서 실행하는 것을 보여 주는 장을 마련하는 것이 필요한 것 같았다. 가장 필요한 것은 모범적인 사례였다.

본 시리즈는 이것을 위한 시도이다. 우리는 수퍼비전 실제에 대한 주요 접근들, 즉 이론적 지향에 기반한 것과 메타이론적인 것을 모두 고려하였다. 우리는 수퍼비전 영역에서 국내 및 국제적으로 활동하는 심리학자, 교수, 임상 수퍼바이저, 연구자들에게 설문을 돌렸다. 그리고 어떤 치료 모델을 포함할 것인지와 누구를 그 분야의 전문가로 볼 수 있을지를 물었다. 또한 동료들에게 수퍼비전 회기에서 언급될 필요가 있는 대표적인 핵심 이슈들을 식별해 주도록 요청하였다. 이러한 의견 형성 과정을 통해 11명의 환상적인 수퍼비전 전문가팀을 구성하였는데, 이들은 각 분야에서 수퍼비전 작업 모델을 개발하였을 뿐만 아니라 수년간 일선에서 임상적 수퍼바이저로 활동해 왔다.

우리는 각 전문가에게 자신의 수퍼비전 접근을 명료하게 설명하는 간결한 도서의 작성을 요청하였다. 각 도서는 각 접근의 핵심 원리와 차원, 기법과 방법, 구조와 과정, 연구로 입증된 결과, 수퍼비전 과정에서 보통 발생하는 문제를 다루는 방법에 초점을 맞추었다. 덧붙여, 우리는 각 저자가 한 장을 할애해 수퍼비전 회기의 축어록을 포함해 수퍼비전 과정을 자세히 기술하도록 요청하였다. 이는 독자가 각 모델이 수퍼비전 실제에서 어떻게 작동하는지를 볼 수 있도록 하기 위한 것이다.

이 도서들과 함께 각 모델의 전문가는 수련자와 실제로 수퍼비전하는 과정을 동영상으로 녹화해 자신이 하는 접근을 실제 사례에서 드러나게 하였다. APA 도서는 이 동영상들을 시리즈로 제작하였는데 DVD들은 http://apa.org/pubs/videos에서 구매할 수 있다. 이들 도서와 동영상은 시리즈의 한 부분으로 또는 독립적으로 사용될 수 있는데, 이는 수퍼비전을 하는 방법을 배우려는 독자, 수퍼비전에 대한 지식을 심화하려는 수퍼바이저, 더 나은 수련자가 되고 싶어 하는 수련자, 수퍼비전 교과목을 가르치는 교수, 수퍼비전의 교육과정을 조사하려는 연구자들을 위한 것이다.

이 책에 관해

정서중심치료 수퍼비전에서 Leslie S. Greenberg와 Liliana Ramona Tomescu는 수퍼바이저와 수련자 모두를 위한 수퍼비전의 지도를 제시한다. 저자들은 정서중심치료의 관점에서 수퍼비전을 구조화하고 실행하는 방법에 대한 안내를 명확하고 매력적인 방식으로 제시하는데, 그럼에 있어 사건에 기반한 과제분석 패러다임을 사용한다.

저자들은 수퍼비전을 "누군가의 행동이나 일이 진행되는 방식을 지켜보고, 지도하며, 모든 것이 바르게 진행되도록 하는 과정"으로 정의한다. 따라서 Greenberg와 Tomescu는 수련자가 내담자의 고통스러운 정서 도식을 이해, 처리, 전환하도록 돕기 위해, 수퍼바이저가 매 순간 어떻게 안내하고 개입해야 하는지를 다수의 사례를 통해 설명한다. 저자들은 수퍼비전의 주된 이슈들(예: 치료와 수퍼비전에서 동맹 형성의 어려움, 사례 공식화)을 다루는 단계들(즉, 표식, 과제 환경, 처리 과정, 해결)을 명확히 하고자 유용한 표들을 만들어 제시한다.

구체성과 정확성의 강조는 삼자(수련자, 수퍼바이저, 내담자)를 초점으로 하는 수퍼비전 관계에 내포되어 있다. 먼저, 수퍼바이저는 수련자를 대화에 초대하고 치료와 수퍼비전에서 일어나고 있는 것들에 관해 대화한다. 또한 수퍼바이저는 공감적 탐색, 체험적 학습, 모델링, 역할극, 과정 안내를 사용함과 아울러 수련자와의 관계에서 협력과 평등의 태도를 견지한다.

요약하면, 독자들은 정서중심치료 수퍼비전이 엄격한 접근이며 수퍼바이저는 구체적인 절차와 개입 기술의 "훈련자"라는 것을 알게 될 것이다. 하지만 교육과정에서 명확히 드러나듯이 수퍼바이저는 공감적 협력자로서 수련자의 기여와 성장에 최상의 존중을 보인다. 이런 스타일의 수퍼바이저는 모든 수련자가 고대하는 수퍼바이저로, 따뜻한 가슴을 지닌 비전문가처럼 보이는 전문가이다!

우리는 독자들의 관심에 고마움을 표하며, 이 시리즈의 책들이 독자들의 작업을 자극하고 적절한 방식으로 증진하는 데 도움이 되길 바란다.

Hanna Levenson과 Arpana G. Inman

차례

1장 소개

수퍼비전은 어떤 사람이 본래의 자신을 되찾고
자신이 얼마나 잘할 수 있는지를 인식하게 하는 기회다.
—Nancy Kline

감정의 핵심에 도달하기까지는 정말 많은 것이 탐색되고 버려져야 한다.
—Claude Debussy

수퍼비전은 심리학자 교육과 수련에 중요한 역할을 한다(Russel & Petrie, 1994). 수퍼비전은 수련 중인 심리학자들에게 지식, 기술, 가치관을 적용하고 통합할 수 있는 체험적 토대를 제공한다. 적절한 수퍼비전 훈련의 중요성을 고려할 때, 교수자는 심리치료 기술뿐만 아니라 수퍼비전 기술도 가르쳐야 한다. 수련자 또한 심리치료를 직접 제공하는 역량에 대한 훈련뿐만 아니라 차후 치료자이자 수퍼바이저의 역할을 위해서도 수퍼비전 훈련을 받아야 한다. 정서중심치료(EFT)의 수퍼비전에 관해 아직 명확히 규명된 모델은 없다. 따라서 이 책의 목적은 수퍼바이저와 수련자 모두를 위해 수퍼비전의 지도를 명확히 제시하는

EFT 수퍼비전의 이론적 모델을 개발하는 것이다. 이 책에서 우리는 사안에 기반한 수퍼비전 모델을 제시하고, 이 모델을 구체화하는 예시들을 제공한다. 우리는 이렇게 구체적으로 명시된 수퍼비전 모델이 수퍼비전 과정과 결과에 관한 향후의 연구를 촉진하기를 바란다.

EFT 수퍼비전은 EFT의 기본 원리들(즉, 관계와 작업)에 기초한다. 수퍼비전은 안전한 관계의 형성, 즉 수퍼비전 동맹을 포함하는데, 여기에는 각 수퍼비전 회기의 초점 명료화(수련자가 고민이나 어려움을 제시), 수퍼비전 과제 표식들의 식별(수퍼비전 개입의 기회), 이 표식들에 대한 개입 및 해결 방안의 명료화가 포함된다. EFT 수퍼바이저는 내담자가 하는 매 순간의 처리 과정과 수련자의 반응에 초점을 두면서 수련자가 녹화한 각 회기를 주의 깊게 경청한다. 수퍼바이저는 수련자의 개입에 내담자가 보이는 매 순간의 변화, 표현, 숙고를 수련자가 더 잘 알아차리고 조율하도록 도울 것이다. EFT 수퍼비전은 관찰, 경청, 공감 기술의 발달에 초점을 둔다. 수퍼비전은 비언어적 표현의 순간적인 변화를 지각하고, 내담자가 사건을 경험하는 방식을 이해하며, 회기에서 나타나는 문제 표식과 내담자의 미세 과정들을 개입의 기회로 식별하는 것을 포함한다.

정서중심치료의 이론적 틀과 수퍼비전에의 적용

EFT(Greenberg, 2022, 2011)는 실증적으로 입증된 과정 지향적 치료 접근으로 지난 20년간 인기를 끌어왔다. EFT는 신인본주의적이고 체험적인 접근으로, 인본주의적 원리를 현대의 정서 이론(Frijda,

1986; Greenberg, 2002) 및 변증법적 구성주의로 알려진 철학적 접근(Greenberg & Pascual-Leone, 1995, 2001; Greenberg & Van Balen, 1998; Pascual-Leone, 1991)과 독특하게 통합시킨다. EFT는 체험의 중심성, 개인의 자기 결정성, 본능적인 성장 경향성과 같은 개념들을 정서 이론과 변증법적 구성주의를 활용해 현대적 용어로 재구성한다. 이러한 관점에서 보면, 인간은 지속적인 적응, 의미 창조 및 성장의 토대가 되는 타고난 정서 체계를 소유한다고 본다. 따라서 정서를 인간 경험의 근본적 사실로 봄과 아울러, 의미 만들기가 정서의 이해에 핵심적인 역할을 한다고 본다. 정서와 인지의 상호작용은 변증법적 과정의 핵심요소 중 하나이다.

연구에 따르면, 정서는 무의식 속에서 이미 완성된 채로 존재하는 것이 아니라, 사고가 발생하기 이전의 전 언어적이고 감각 운동적인 도식의 형태를 띠면서 미분화된 채로 존재한다(Lane, 2008). 암묵적인 정서, 즉 신체적으로 느껴진 감각은 언어화를 통해 의식적으로 경험되는 구체적인 정서로 변환될 수 있으며(Lane, 2008), 감정은 적응적이거나 부적응적 기능과 함께 치료적 변화에 매우 중요한 역할을 한다. 변증법적 구성주의에 따르면, 경험은 정서와 다양한 심리적 처리 과정(예: 기억, 주의, 학습, 맥락)의 상호작용을 통해 구성되며, 이러한 상호작용이 의식적으로 이름이 붙여진 감정의 발생을 만들어 낸다. 이러한 복잡한 변증법적 구성 과정을 통해 사람은 구체적인 정서를 느끼고 자신이 느끼는 것이 무엇인지를 "알게" 된다. 따라서 정서와 인지는 불가분하게 얽혀 있는 것으로 보이며, 최적의 적응에는 정서를 서사적으로 이해함으로써 이성과 정서를 통합하는 것이 포함되는 것으로 보인다.

변증법적 구성주의 관점에서 볼 때, 잘 기능하는 사람들은 신체적으로 느껴지는 감각에 주의를 기울이고, 알아차리고, 이것에 서사적 의미를 부여함으로써 자신이 느끼는 것을 형상화한다. 이러한 관점이 함축하는 것은 내담자는 역동적으로 자신을 조직화하는 체계로 "상황 속에서 자신"을 계속 재구성하며(Greenberg & Watson, 2006), 이러한 과정에서 주의를 유도하고 의미를 구성할 수 있는 주체라는 것이다. 변증법적 관점에서 보면, 인간은 자신과 상황을 이해하기 위해 상황 의존적인 이야기를 계속 창출해 내는 이야기꾼이다. 이와 함께, 다중성(multiplicity)은 자기 조직화 과정에서 중요한데, 인간은 다양한 목소리를 가지며, 정서의 상태를 빠르게 전환하고, 많은 서사적 이야기를 지니며, 이들 서사적 이야기 속에서 다양한 목소리로 말한다. 결국, 치료는 체험과 변화의 수용을 포함하는데, 내담자는 변화가 일어나기 전에 먼저 자신이 누구인지를 수용해야 한다. 즉, 내담자는 어떤 장소를 떠날 수 있기 전에 먼저 그 장소에 도착해야 한다(Elliott, Watson, Goldman, & Greenberg, 2004; Greenberg, Rice, & Elliott, 1993).

EFT는 매 순간 정서의 자각, 조절, 표현, 탈바꿈, 숙고에 초점을 두는데, 치료의 궁극적인 목적은 정서를 이해하고, 새로운 의미를 창출하며, 자기를 강화하는 것이다(Elliott, Watson, et al., 2004; Greenberg, 2010; Greenberg et al., 1993). EFT는 사람을 신경 화학적, 생리적, 정동적, 동기 부여적, 인지적 요소들이 다면적이고 다양한 변증법적 상호작용을 통해 자기 조직화를 구성하는 존재로 본다(Greenberg & Pascual-Leone, 1995, 2001). 이러한 관점에서 보면, 내담자들은 정신병리를 경험한다기보다 역기능적인 정서처리 방식을 갖는다. **역기능적인 처리 과정**은 다양한 기제들 예를 들면, 이전의 부정적 경험으로 형성된 부적응적 정서의 활성화, 지나치게 경직된 방식의 의미 창출, 경험되는 것과 표현되는 것 간의 불일치, 정서를 상징화하고 표현하는 능력의 결핍, 자신의 다른(상반된) 부분들을 변화 또는 통합하기 어려워하는 것들에서 발생할 수 있다(참고. Elliott, Watson, et al. 2004; Greenberg, 2010).

사람을 역기능적인 존재가 아니라 역기능적인 처리방식을 가진 존재이며, 역동적이고 자신을 조직화하는 체계라는 관점은 EFT 수퍼비전에도 의미 있는 정보를 제공한다. 수퍼바이저는 수련자가 이러한 관점에 기초해 자신의 상담사례를 공식화하도록 돕는다. 치료에서 어려움이 발생할 때, 수퍼바이저는 수련자의 성격을 근거로 평가하지 않는다. 수퍼바이저와 수련자 간의 작업동맹에 문제가 발생할 때, 수련자가 병리적이고 문제가 있다고 보지 않고 작업동맹에 파열이 일어나는 대인관계 과정을 이해하는 것이 "공정한 게임"일 수 있다. 이 경우, 수퍼바이저는 수퍼비전 회기에서 발생하는 어려움을 이해하려 시도하면서 무엇이 이러한 어려움을 유발했는지를 수련자와 열린 마음으로 대화하려 노력한다. 이때 수퍼바이저와 수련자는 어려움의 발생에 대해 공동 책임이 있음을 진심으로 인정한다.

EFT의 인간 기능 이론에는 두 가지 중요한 개념이 있는데, 정서 도식의 처리와 서사적 정체성이 그것이다. **정서 도식**(emotion schemes)은 어떤 패턴을 갖춘 정신적 구조로 정서적 경험에 대한 암묵적인 고차원적 조직화를 제공한다(Greenberg et al., 1993). 이것은 경험과 행동을 유발하는 정신적 구조이다. 내담자의 정서 도식 처리 체계는 자기 조직화 과정에 핵심적인 역할을 한다. 이것은 복잡한 체계로 많은 정서 도식이 연합적으로 작동해 단일화된 자기 조직체를 만든다(Greenberg, 2010). 예를 들어, 우울이라는 정서 도식은 상실감, 사랑받지 못하는 느낌, 무가치하거나 무능하다는 느낌들로 조직되어 있다. **서사적 정체성**(narrative identity)은 도식에 기반한 자기 조직체보다 고차원적인 자기 조직체다(Greenberg & Angus, 2004). 서사는 의미를 만드는 과정으로 초기에는 비언어적 또는 상징적 표상을 특징으로 하다 시간이 지나면서 그 모습이 드러난다. 서사는 시작, 중반, 끝이 있으며 주인공이 있고 줄거리가 있는데, 주인공의 의도는 어떤 함의와 결과를 수반하는 행동으로 드러난다.

EFT 수퍼비전 중에 수퍼바이저는 두 가지에 초점을 맞춘다. 하나는 수련자가 내담자의 핵심적인 고통스러운 정서 도식을 식별하도록 돕는 것이고(좀 더 일관된 서사를 발달시키면서), 다른 하나는 내담자에 대한 수련자의 정서적 반응을 계속 점검하는 것이다(물론 수련자가 수퍼비전의 경험을 이해하도록 조력하면서). 수퍼비전은 늘 이 두 가지, 즉 내담자와 치료자의 전문가적 정체성에 초점을 둔다. 이 두 가지의 조합은 수련자가 치료 작업에 더욱 자신감을 갖게 하고 또 자신의 정서를 더 잘 자각하도록 도움으로써, 결국 수련자가 좀 더 일관되고 통합된 전문가적 정체성을 갖추도록 돕는다.

정서중심치료의 원리를 치료와 수퍼비전에 적용하기

EFT의 수퍼비전은 다른 치료와 구별되는 EFT만의 독특한 일련의 원리들과 개입방법들에 기초한다. 이 원리들은 EFT의 수퍼비전 관계와 과정에도 정보를 제공하는데 다음과 같은 요소들로 구성되어 있다: (a) 따라가면서도 이끄는 자세, (b) 공감적 탐색 방식, (c) 사람 진단이 아닌 과정 진단, (d) 깊은 정서적 체험과 생산적인 정서처리의 촉진, (e) 지각 기술의 배움과 가르침, (f) 표현에 대한 사회적 규범의 차이에도 불구하고 다양한 문화에 공통된 정서와 욕구의 이해이다. 하지만 EFT의 역기능 이론과 치료 이론은 수퍼비전에서는 직접 적용되지는 않는다. 왜냐하면 EFT 수퍼비전에서는 문제를 다루거나 고통스러운 핵심 정서에 접촉해 탈바꿈을 시도하지 않고, 특정한 형태의 학습을 촉진하고자 하기 때문이다. 따라서 수퍼비전에서는 수퍼바이저가 수련자와 명시적인 치료적 관계를 맺지 않는다. 이러한 EFT 수퍼비전의 원리들과 이 원리들이 치료적 작업에 정보를 제공하는 방식들이 다음에서 자세히 설명된다.

첫 번째 핵심 원리는 치료자가 취하는 특정한 의사소통 방식에 대한 것으로 여기에는 따라가기와 이끌기의 조합이 포함된다. 치료자는 현존하면서 매 순간 드러나는 내담자의 내적 경험을 따라가는데, 이때 치료자는 내담자의 즉각적인 경험에 항상 공감적으로 조율해 머물면서, 자신의 손가락을 내담자의 정서적 맥박에 계속 올려두고, 내담자의 경험을 자신이 어떻게 이해하고 있는지를 지속적으로 점검한다. 덧붙여, 치료자는 내담자의 자발성을 칭찬하고, 내담자의 경험을 이해하며, 내담자가 자신의 문제를 해결하려는 시도를 조력한다. 또한 치료자는 치료의 과정을 적극적으로 안내하는 역할도 하는데 이는 치료자가 정서 코치임을 나타낸다(Greenberg, 2002, 2015). 즉, 치료자는 내담자가 경험하는 것에 대한 전문가는 아니지만, 내담자가 다음 단계로 나아가도록 촉진하는 방법에 대한 전문가인데, 정서의 처리 과정에 대해 일정 수준의 지식을 지니고 있다. 치료자의 목표는 내담자를 가르치거나 바꾸는 것이 아니라 치료적 과정을 안내하는 것이다. **과정 안내(process guiding)**란 치료자가 내담자에게 더 깊이 체험하고, 더 적응적인 정서적 반응을 하게 하며(예: 저변의 일차적 분노를 더 단호하게 표현하게 함으로써 자기 비난과 무력감을 변화시킴), 치료 회기 내에서 과제를 다루게 하고(예: 내담자가 미해결 과제를 해결하고 자신이 보이는 혼란스러운 반응의 의미를 이해하기), 전체적인 치료 목표를 달성하도록 하는 것(예: 내담자가 과거의 트라우마 경험에서 벗어나도록 조력하기; Elliotte, Watson, et al., 2004; Greenberg, 2002)을 말한다. 따라가기와 이끌기는 얼핏 보면 상반된 것처럼 보일 수 있지만 그렇지 않다. 이 둘은 자기 경험(내용)의 전문가인 내담자가 진술하는 이야기들을 따라가는 것과 치료적 작업 과정을 안내하는 것 간의 역동적이고 창의적인 긴장을 내포한다.

EFT 수퍼바이저도 이러한 따라가기와 이끌기의 변증법적 입장을 채택한다. 수련자가 자신의 경험은 물론 내담자의 경험에 대해 가장 많은 것을 알고 있다고 본다. 수퍼바이저는 수련자의 경험에 관한 권위자가 아니라 과정 전문가로 여겨진다. 과정 전문가는 수련자의 학습을 촉진하는 방법에 대한 전문성과 경험을 지니고 있으면서, 수퍼비전 과제들을 식별하고 그 과제들의 해결을 촉진하는 기술을 갖고 있다. 수퍼비전할 과제에 대한 지식은 심리치료에서 변화를 촉진하는 사건들을 분석하는 방법인 EFT 과제분석 접근(Greenberg, 1984)에 기반한다. 과제분석 접근에서는 수련자의 표식과 과제가 명료해지며, 수퍼바이저는 수련자가 그 과제를 다루도록 지원하기 위해 개입한다.

EFT의 또 다른 독특한 원리는 치료와 수퍼비전 모두에서 사용되는 **공감적 탐색 반응 방식**(empathic exploration response style)이다. 내담자와 수련자는 자기 경험의 전문가라는 EFT의 틀에 기반할 때, 치료자와 수퍼바이저는 탐색적 반영과 질문을 사용함에 있어 적극적으로 개입하면서도 잠정적인 말투를 사용한다. 이는 수련자가 스스로 의미를 이해하고 찾는 작업을 촉진하기 위한 것이다. 덧붙여, 수퍼바이저는 전문가라는 관념(즉, 무슨 작업을 해야 하는지를 혼자 결정하는)을 거부하고 내담자와 함께 치료과정을 공식화하고, 수퍼비전의 목적을 설정하며, 궁극적인 의미를 공동으로 만든다. EFT 수퍼바이저의 주된 역할은 수련자에게 내담자가 하는 매 순간의 경험에 주의를 기울이게 하고, 더 나은 개입 반응을 산출하게 하는 것으로, 이는 다시 내담자에게 느껴진 감각(felt sense)과 정서에 초점을 맞추도록 돕는다.

EFT는 사람 진단적이지 않고 **과정 진단적**(process diagnostic)이다(Greenberg et al., 1993). EFT 치료자는 형식적인 진단에 초점을 맞추지 않고 내담자가 보이는 정서의 처리방식, 회기에서 드러나는 문제되는 정서 상태의 표식과 중심 주제 및 궁극적으로는 고통스러운 정서의 구성 과정에 주의를 기울이는데, 이 모든 것은 내담자의 정서적 고통을 따라감으로써 도달된다. 표식(markers)은 내담자가 회기에서 보이는 행동으로 내담자가 특정 문제에 대해 작업할 준비가 되어있다는 신호이다(Greenberg et al., 1993). 반면, 치료적 과제(tasks)는 회기 내에서 곧바로 다룰 필요가 있는 치료과정이자 절차로 이것은 식별된 표식의 결과와 긴밀히 관련된다(Greenberg et al., 1993). 예를 들어, 미해결 과제 표식은 내담자의 삶에서 의미 있는 사람에 대한 지속적인 나쁜 감정의 표현으로 드러나는데, 이 경우에 과제는 상처와 분노를 해소하기 위해 상상을 통해 의미 있는 사람과 빈 의자 대화를 하는 것이다. 치료자는 내담자의 당면한 과제를 해소하기 위해 다양한 치료 방법들(예: 미해결 과제 작업을 위해 의자 작업을 제안하기)을 사용한다. EFT 수퍼비전은 과제분석 접근법을 수퍼비전에 사용함으로써(참고: Greenberg, 1984), 회기 내의 수퍼비전 표식을 식별하고 수련자의 동의에 기반하고 수련자의 욕구에 따라 수련자가 지닌 다양한 과제들을 설정하고 작업한다.

EFT의 네 번째 원리는 내담자의 내면에서 **깊은 정서적 체험과 정서의 생산적인 처리**가 일어나도록 촉진하는 것으로, 이러한 작업이 새로운 의미와 문제 해결의 창출을 촉진할 것이라는 가정에 기반한다. EFT가 과정 지향적 체험치료임에 근거할 때, 치료자는 내담자가 치료적 체험을 하는 과정의 여러 단계들을 촉진하는 방법의 전문가로 보는 한편, 내담자는 자신이 경험하는 것에 대한 전문가로 본다. 치료자가 제공하는 전문성은 깊은 체험을 촉진하는 방법의 전문성으로 내담자가 정서를 자각, 접촉, 생산적으로 처리, 탈바꿈하도록 돕는 방법과 더불어 새로운 의미를 창출하는 방법에 대한 전문성이다.

치료과정과 비슷하게 EFT 수퍼비전도 매우 과정 지향적인데, 수련자가 깊은 정서적 처리를 할 기회인 과정 표식과 이 표식에 적합한 치료적 과제를 인식하도록 돕는 데 초점을 맞춘다. 수퍼바이저는 수련자가 단지 내담자의 어려움을 개념화하고 처치 계획을 세우도록 돕기보다는 매 순간 어떻게 내담자에게 반응할 것인지에 대해 피드백을 제공함으로써 내담자가 다음 단계로 나아가도록 한다. 수퍼바이저는 훈련자의 역할을 최우선으로 맡는데, 수련자에게 지각과 개입 기술을 포함해 과정을 촉진하는 기술을 가르친다.

개입 기술을 가르치는 것에 덧붙여 **지각 기술을 배우게 하고 가르치는 것**은 수퍼비전의 핵심 원리이다. 맥락을 고려하지 않고 지각 기술을 가르치기는 힘들다. 수퍼비전은 중요한 임상적 현상을 보고 듣는 방법을 배우는 중요한 장이다. 지각 기술은 개입 기술과 달리 개입 **방법**이 아니라 개입 **시점**을 아는 것을 포함한다. 또한 흥미로운 어떤 임상적 현상이 회기에서 일어날 때 그것을 알아차리는 능력을 포함한다. 지각 기술의 핵심은 수련자가 개념적 또는 이론적 기술들을 이해하거나 이 기술들을 여러 상황에 적용하는 능력을 넘어서는 것이다. 상황을 보는 방법과 개입의 시기를 배우기 위해 수련자는 구체적인 예시들을 통해 여러 종류의 필수적인 지각 식별력을 기를 필요가 있다. 수퍼바이저의 주 역할이 훈련자임을 고려할 때, 수퍼비전은 수련자의 기술과 훈련 수준에 맞춰 조정된다.

핵심 지각 기술 중의 하나는 다른 유형의 정서처리 과정들을 식별하는 능력이다. 수련자는 일차적 적응적, 일차적 부적응적, 이차적, 도구적 정서들을 구별하는 것을 배울 필요가 있다. 수퍼바이저는 이 정서들이 테이프에서 나타날 때, 그 예를 지적하고 수련자와의 토론을 통해 수련자가 해당 정서가 그 순간에 하는 기능을 이해하게 한다. **일차적인 적응적 정서**는 복잡한 상황 정보를 자동으로 처리하고 효과적인 행동을 준비시키는 반응이다. 이러한 반응은 일차적인 적응적 정서 반응이라 불리는데, 그 이유는 이 정서는 당면한 상황에 대한 직접적인 반응으로 그 상황에서 적절한 행동을 취하도록 돕기 때문이다. 일차적 적응적 정서는 접촉해서 정보와 행동 경향성을 제공하도록 충분히 허락할 필요가 있다. 내담자에게 자신이 느끼는 것이 일차적인 적응적 정서인지를 식별하도록 돕기 위해, 치료자는 공감적으로 반응하고 정보 처리의 대리자처럼 행동하면서, 내담자에게 이 감정이 자신의 경험과 일치하는지 대조해 볼 수 있도록 상징을 제공한다. 일차적 정서의 접촉에 도움이 되는 치료자의 반응들로는 "이것이 당신이 가장 밑바탕에서 느끼는 핵심 감정인지요?" 또는 "내면을 점검해 보고 이것이 가장 근원적 감정인지 살펴보세요." **부적응적 일차적 정서** 또한 상황에 대한 직접적인 반응이다. 하지만 이 정서는 반응을 유발하는 상황에 더이상 건설적으로 대처하도록 돕지 않고 오히려 효과적인 기능을 방해한다. 이러한 정서 반응은 보통 과잉학습된 반응으로 종종 이전의 트라우마 경험에 기초한다. 부적응적 정서는 내담자가 이 정서에 접근, 상징화, 조절, 탐색하도록 조력함으로써 가장 잘 다루어진다. 이 정서는 회피하기보다 접근해서 수용하면 탈바꿈이 가능한데, 이는 저변의 다른 정서에 접촉하거나(예: 부적응적 수치심을 자기연민이나 자부심으로 탈바꿈하기) 그 정서를 숙고해서 그 의미를 이해함으로써 가능하다. 치료자는 내담자가 내면 깊이 경험하는 것을 공감적으로 탐색하거나 추측함으로써 내담자가 이 정서에 접촉하도록 돕는다.

이차적 반응 정서는 일차적 반응에 뒤이어 나타나는 정서이다. 사람들은 종종 초기의 일차적인 적응적 정서에 대한 정서적 반응을 갖는다. 즉, 일차적 정서가 이차적 정서로 대체되는 것이다. 이 "반응에 대한 반응"은 원 정서를 모호하게 하거나 변형시키고 현 상황에 적절하지 않은 행동을 유발한다. 이차적 반응 정서는 공감적 탐색을 통해 반응함으로써 이 정서가 유발된 저변의 일차적 정서(예: 반응적 분노 저변의 일차적 두려움)를 가장 잘 발견하게 할 수 있다.

끝으로 **도구적 정서**는 이 정서의 대인 관계적 기능이나 타인에게 영향을 미치려는 의도의 관점에서 탐색하는 것이 가장 적절하다. 치료자는 내담자의 슬픔이나 분노를 이해한 후에 이렇게 물을 수 있다. "이 감정과 관련되어 있는 그 무엇을 이 사람에게 알려주거나 말하려고 하는 것은 아닌지 모르겠네요?" 이를 통해 사람들은 자신의 정서적 경험과 관련된 어떤 의도나 자기 보호, 편안함 또는 타인을 지배하려는 욕구를 알아차릴 수 있다.

수련자가 **정서를 사정**(assessment)하는 것을 돕기 위해 수퍼바이저는 다음과 같은 구체적인 기준을 제시할 수 있다: (a) 얼굴표정, 목소리 톤, 말하는 방식을 포함한 비언어적 표현 관찰하기, (b) 보편적인 정서 반응에 대한 지식 갖기(예: 사람들은 보통 사생활을 침해당할 때 분노를 느낌), (c) 상황에 대한 수련자 자신의 정서적 반응에 대한 지식을 활용해 내담자의 정서 사정하기, (d) 상황이나 사람에 반응하는 내담자의 특징적인 방식 알기(예: 타인에게 무시당할 때 작아지고 무력해지는 느낌, 화날 때 수치심이 아닌 거절감을 느낌).

EFT의 마지막 원리는 다문화와 관련되는데 EFT는 다음과 같은 입장을 취한다. 공감은 내담자와 내담자의 근심을 주의 깊게 경청하는 것으로, 내담자가 지닌 문화적 배경을 고려하면서도, 그 배경을 넘어서서 내담자에 의해 표현되는 정서들의 저변에 있는 어떤 뉘앙스와 정서와 관련된 불분명한 욕구들에 주의를 기울이는 것이다. EFT의 인본주의적 기반에 덧붙여 정서와 관련된 연구들이 가르치는 것은 모든 인간은 정서적으로는 같으며, 그 핵심에는 생존과 번영, 애착과 소속감, 소중히 여겨지고 인정받고자 하는 욕구를 똑같이 지니고 있다는 것이다. 하지만 EFT 이론가들은 정서를 표현하고 소통하는 규칙은 문화에 따라 다르며, 이 규칙은 다른 신념 체계, 습관, 태도의 일부임을 인정한다. 이런 이유로 문화적 차이에 대한 광범위한 어떤 최소한의 지식은 치료자가 되려는 사람과 수퍼바이저 모두에게 중요하다. 이러한 필수 지식을 습득하는 최고의 방법은 교육과 호기심, 차이에 대한 직접적인 경험과 차이를 알고 수용하려는 높은 개방성과 민감성이다. 따라서 EFT 수퍼바이저는 수련자가 어떤 문화에서 유발되는 내담자 내면의 핵심적인 정서처리 과정을 이해하도록 도울 필요가 있다. 이때 수퍼바이저는 내담자나 수련자의 문화를 공감적으로 이해하고, 표현과 관련된 문화적 규칙과 금기사항들을 민감하게 알아차려야 한다. 예를 들어, 치료에서 아시아계 내담자 또는 집단주의 문화를 지닌 내담자는 부모나 권위자에게 분노를 표현하는 것을 많이 어려워하는데, 이는 연장자나 경험이 많은 사람에 대한 존중 및 복종과 관련된 문화적 신념 때문이다. 좋은 치료적 동맹과 공감에 덧붙여 이러한 문화적 규칙을 이해하는 것은 시간이 지나면서 수련자가 공통된 정서의 핵심에 도달하게 할 뿐 아니라 많은 잠재적인 문화적 차이를 극복하도록 돕는다.

치료와 수퍼비전에 적용되는 과제들

EFT는 아주 다양한 내담자 표식들과 치료적 과제들을 연구하고 통합해 왔다(Elliott, Watson, et al., 2004; Greenberg, 2010, 2015; Greenberg et al., 1993). 이해하기 쉽게, 과제는 크게 다섯 가지로 분류되는데 공감 기반 과제, 관계 기반 과제, 체험 과제, 재처리 과제 및 실연 과제가 그것이다. 이 치료적 과제들은 각각 수퍼비전 중에 배우고 통달하는 다양한 치료적 개입들과 관련된다.

이 과제들을 적용하는 데 있어, 수퍼바이저는 수련자에게 치료적 단계를 기계적으로 따라가는 방법을 훈련하는 것이 아니라, 다양한 개입들을 처음에는 잠정적으로 시도하고 이후 시간이 지나면서 점차 숙련되고 유창하게 시도할 수 있도록 격려, 조력하는 것을 목적으로 한다. 수퍼비전 초기에는 개입이라는 개념이 실험 또는 "할 수도 있는" ("옳은" 방식으로 하는 것과 상반되는) 것으로 소개된다. 이것은 개입의 유연성을 전하고, 수퍼바이저의 제안을 옳거나 틀린 것으로 단언하는 것이 아니라 한번 시도해 보고 수련자의 스타일과 성격에 따라(즉, 개별화나 통합의 기술) 채택의 가능성을 제안하는 것이다.

역사적 배경

EFT 이론은 인간중심치료, 게슈탈트치료, 실존치료를 현대의 인지 및 정서 이론의 관점에서 통합하는 것에서부터 발전하였다. 이러한 인본주의적/체험적 심리치료 접근들은 행동주의와 정신분석의 대안으로 1960년대와 1970년대에 북미를 풍미한 **제3의 힘**으로 불리었다. EFT는 정서와 인지 과학의 진전과 함께 심리치료에서의 변화 과정에 관한 연구에 기반해 신인본주의적이고, 과정 지향적이며, 정서 초점의 처치법을 제시함으로써 위에서 언급된 이론적 접근들을 넘어서 왔다.

EFT는 Rogers의 다음의 관점을 참조한다. 즉, 치료가 효과적인 이유는 치료적 관계가 내면화된 가치 조건화에 대한 해독제 역할을 하기 때문인데, 내담자는 자신의 모습이 있는 그대로 보여지고, 이해받고, 무조건적으로 수용받는 새로운 경험을 치료적 관계에서 한다는 것이다. 내담자 중심 이론이 발달하면서 치료의 초점은 단지 치료적 관계의 성격에만 국한되지 않고 치료장면에서 내담자에게 무엇이 일어나는지로 확대되었다. 관계적 수용에 덧붙여 중요한 것은 내담자의 내면에 새로운 형태의 체험을 촉진하는 것이었다. Gendlin(1997)에 따르면, **체험**(experiencing)이란 구체적인 신체적 느낌이 일어나는 과정으로, 체험은 우리가 살면서 심리적 현상의 기초 자료들을 형성할 때 일어나는 것이다. 이러한 기초 자료의 자각은 건강한 삶에 필수적이다. Gendlin(1997)은 자기가 되는 과정(self-process)은 체험하기를 끊임없이 사용하는 것으로 보았는데, 이는 느껴진 의미(felt meanings)가 언어적 상징과 상호작용해 명시적인 의미를 생산하는 과정으로, 이러한 과정을 통해 구조화된 부인/불일치 모델에서 벗어나 기능에 대한 과정 중심적 관점으로 이동하는 것이라고 주장하였다.

하지만 EFT는 기초가 된 이론들을 넘어서서 발전해 왔다. Gendlin과 Rogers는 체험을 존재의 가장 기본 단위로 간주하는 반면, EFT는 정서를 근본적인 것으로 보고 체험은 정서의 복잡한 파생물로 보는데, 체험은 많은 수준의 처리 과정이 암묵적으로 융합된 결과로 본다. EFT는 치료 실제에 있어 Gendlin이 제시한 느껴진 감각(felt sense)의 중요성, 근원적인 정서에 대한 생물 진화론적 관점(Ekman & Davidson, 1994)의 중요성 및 정서적 각성의 중요성을 통합한다. 느껴진 감각은 주의를 기울이고 의미를 창출하기 위해 상징화될 필요가 있는 한편, 범주화된 기본 정서들(예: 두려움, 분노, 슬픔)은 욕구와 행동 경향성에 접근하기 위해 각성되고 조절될 필요가 있다. 그리고 욕구와 행동 경향성은 사람들에게 무엇이 좋은지를 알려주고 적응적 행동으로 나아가게 한다.

EFT에 두 번째로 큰 영향을 미친 것은 게슈탈트치료이다(Perls, Hefferline, & Goodman, 1951). Rogers의 관점에서처럼, 총체적인 자기실현 경향성(생존하고 번영하는)이 어떤 구체적인 추동이나 욕구보다 강조된다. 유기체의 지혜는 욕구의 자발적인 출현이 행동을 안내할 때 작동한다고 본다. 이 관점에서 보면, 삶은 욕구가 발생해서 충족되고 또 다른 욕구가 올라와서 충족되는 과정이다. 게슈탈트치료에서는 기능에 대한 자각이 사람들에게 자신의 유기체적 경험을 소유할지와 소유한다면 언제 할지를 선택할 수 있는 권한을 제공한다고 본다(Perls et al., 1951).

게슈탈트치료의 방식은 과정 지시적이다. 치료자는 과정을 제안하고 관찰한다. 단계적 실험이 개입의 주요 방식으로 사용되었다. EFT는 게슈탈트치료의 실제로부터 다수의 핵심적인 실험들을 채택하였고, 이 실험들이 언제 가장 잘 사용되는지와 변화로 이끌기 위해서는 어떤 과정을 촉진해야 하는지를 더 구체적으로 명료화하였다. 따라서 EFT는 게슈탈트치료가 제시하는 과정 지시적 방식과 정서적 경험과 자각에 접촉해 증폭하기에 인간중심적 접근이 제시하는 안전함의 제공 및 경험과 의미 만들기 식별을 통합한다. EFT는 경험을 명확히 자각하고, 신체에서 느껴진 감각에 주의를 기울이며, 느껴진 의미를 상징화하기 위해 자각의 가장자리를 탐색하는 것을 모두 강조한다.

끝으로, 실존치료는 EFT의 발달, 특히 인간의 본성과 삶의 궁극적인 관심사들에 대한 EFT의 폭넓은 관점에 영향을 미쳐왔다. 실존주의 이론에서는 역기능을 진정성의 결여, 경험으로부터의 소외, 의미 결여, 고립 및 존재론적 불안에서 발생한다고 본다. 실존주의자들은 궁극적인 관심사들에 대한 자각이 불안과 방어를 유발한다고 본다(May & Yalom, 2005; Yalom, 1980). 실존 치료에서는 자유, 선택, 고립, 의미와 같은 궁극적인 관심사들에 대한 불안이 성격과 심리치료의 중심에 있다고 본다. 이러한 모든 것이 EFT와 관련되지만, EFT는 정서와 정서의 조절 및 상징화에도 궁극적인 관심을 둔다. 우리는 이러한 배경들과 근본 원리의 관점에서 수퍼비전에 대한 논의로 전환한다.

수퍼비전의 정의

수퍼비전은 어떤 사람이 무엇을 하는지 또는 무엇이 어떻게 수행되는지를 관찰하고 지도하며 모든 것이 올바르게 되는지를 확인하는 행동 또는 과정으로 정의된다. 수퍼비전은 어떤 활동의 수행과 작동을 지도하거나 감독하고 질서 유지를 위해 그 활동을 주의 깊게 살펴보는 것이다.

Bernard와 Goodyear(2013)는 수퍼비전을 어떤 전문영역의 선임 구성원이 같은 영역의 초임 구성원에게 제공하는 개입 행위라고 정의하면서 수퍼비전의 몇 가지 구성요소를 제시하였다. 첫째, 수퍼비전은 개입 행위로 수퍼바이저가 수련자를 도울 수 있는 독특한 역량과 기술이 있다. 둘째, 수퍼비전은 적어도 어떤 중요한 영역에서 수련자보다 더욱 능숙한 임상 수퍼바이저에 의해 제공된다. 셋째, 수퍼비전은 일정 기간 지속하는 관계에서 수련자에게 어떤 발달상의 진전이 일어나게 충분히 오랫동안 계속된다고 가정한다. 끝으로 수퍼바이저는 평가하고, 점검하며, 문지기의 역할을 한다. 수퍼바이저는 수련자의 내담자에게 제공되는 돌봄의 질을 점검할 윤리적, 법적 책임을 진다. 수련자의 전문가적 기능을 강화하고 돌봄의 질을 보장하기 위해 수퍼바이저는 수련자의 수행을 계속 점검하고 피드백을 제공한다. 형성 평가는 수퍼비전에서 행해지는 작업의 기반이 된다.

수퍼바이저의 역할

Bernard(1997)는 수퍼비전 차별화 모델에서 수퍼바이저가 수련자에게 반응할 때 취할 수 있는 세 가지 일반적인 역할을 제안하였다. 첫째, **교사**(teacher)의 역할로 수퍼바이저는 수련자가 더욱 유능하기 위해 어떤 지식이 요구되는지를 결정할 책임이 있다. 둘째, **상담자**(counselor)의 역할로 수퍼바이저는 수련자가 자신의 대인 관계적 또는 개인 내적 실제의 탐색을 촉진한다. 셋째, **조언자**(consultant)의 역할로 수퍼바이저는 수련자에게 자원의 역할을 하면서도 수련자가 내담자와의 작업에서 갖게 되는 자기의 생각, 통찰, 느낌을 신뢰하도록 격려하는 사람이다(Bernard, 1997).

EFT 수퍼비전은 위의 세 가지 역할을 모두 채택한다. 먼저 가르치는 것(teaching), 좀 더 구체적으로는 **훈련**(training)은 EFT 수퍼비전의 중요한 한 부분으로 많은 기술이 임상 실제에서 학습되어야 한다. EFT 수퍼비전은 수련자의 욕구와 수퍼바이저의 반응 간의 **일치**(congruence)를 강조한다. 일치는 이론적 지향의 일치, 과제의 관련성, 관계 맺기, 목표 동의와 같은 조건들이 충족될 때 형성된다. 이 조건들은 수퍼비전이 가야 할 방향을 가장 잘 아는 사람은 수련자라는 것을 믿고, 수련자와 협력하려 노력하는 수퍼바이저의 능력에 달려 있다. 예를 들어, 초보 수련자가 다가올 회기에 대해 걱정을 표현할 때, 수퍼바이저는 수련자의 이 중요한 안내를 따라가면서, 수련자가 체험을 심화하고, 체험한 것을 언어로 표현하며, 궁극적으로 그 의미를 새로운 방식으로 이해하도록 돕는데, 이것이 바로 일치된 수퍼비전이다. 한편, 불일치의 예를 들면 다음과 같다. 수련자가 사례 공식화를 어려워할 때 수퍼바이저는 전문가의 역할을 맡으면서 공식화 과정(예: 수련자가 내담자의 핵심 정서와 도식 구조를 식별하도록 돕기)을 촉진하고 안내하기보다, 내담자에 대한 진단을 제공하는 것이다. EFT에서는 따라가기와 이끌기 모두 중요하며 각각 적합한 시기가 있다고 본다.

하지만 EFT 수퍼바이저는 자신을 모든 질문에 대한 답을 지닌 완벽한 전문가로 보지 않아야 한다. 따라서 수퍼바이저는 지식이나 지혜를 수련자에게 강요하려고 하지 않아야 한다. 대신 수퍼바이저는 **협력**(collaboration), 즉 수련자와 평등한 위치에서 관심을 갖고 적극적으로 참여하는 태도를 취한다(Elliotte, Watson, et al., 2004). 수퍼바이저는 자신이 생각하는 어떤 순간의 내담자에 대한 느낌을 수련자에게 말하기보다 수련자가 인식하는 내담자의 느낌을 물을 수 있다. 협력적인 노력에도 불구하고, 수퍼바이저는 여전히 수련자와 내담자에 관해 책임을 지며, 경험과 전문성에 기반한 권위를 갖는다.

EFT 수퍼비전에서는 수퍼바이저의 전문가적 역할과 협력적인 공동구성자 역할 간의 변증법적 상호작용 관계가 개발되고 숙달되어야 한다. 더욱이 수퍼바이저의 지위는 전문가로서의 내재적 힘과 높은 기대를 동반한다. 수퍼바이저는 한편으로는 어떤 기술과 경험을 소유하면서도 다른 한편으론 수련자가 보이는 수행의 적절성과 개선이 필요한 영역을 평가하고 결정하는 힘을 지닌다. 수퍼바이저의 전문성과 공동구성 사이의 변증법적 상호작용을 통달한다는 것은 전문가의 관점에서 지식을 전달하는 능력과 함께 수련자에게 수치심을 느끼게 하거나 수퍼바이저의 가치관이나 해결책을 강요하지 않는 것으로 해석될 수 있다. 또한 EFT 수퍼바이저는 수련자가 수퍼비전에서 필요로 하는 것과 학습 과정에서 수련자에게 도움이 되거나 방해되는 것을 발견하는 데 진심으로 관심을 가져야 한다. 수퍼비전의 목적을 함께 구성하고, 목적을 달성하는 방법을 개발하며, 힘의 균형을 조절하는 것에 덧붙여, EFT 수퍼바이저는 실수나 오해를 열린 마음으로 인정하고 수퍼비전 중에 예상치 못하게 부딪히는 어려움에 대해 기꺼이 책임져야 한다. 예를 들어, "조금 전에 내가 한 말이 맞지 않는 것 같네요. 지금 보니 내담자가 느끼는 것에 관해 선생님이 말하고 있었던 것을 알겠어요."

요약하면, 교사로서의 EFT 수퍼바이저의 역할은 전문가의 역할이 아니라 수련자와 함께 탐색 과정에 참여하고 수련자의 개인적인 성장과 발달을 촉진함으로써 상호 협력적인 관계를 육성하려고 노력하는 것이다. EFT 이론과 일치하게 EFT 수퍼비전은 따라가기와 이끌기를 함께한다. EFT는 치료 회기에서 일어나는 특정 형태의 문제 표식들에 대해 아주 잘 개발된 일련의 구체적인 기법을 갖고 있기에, EFT 수퍼비전은 가르치기와 교정적 피드백 제공의 형태로 이끌기를 많이 포함한다. 하지만 이끌기는 항상 수련자와의 안전한 관계를 염두에 두는 맥락에서 이루어진다. Greenberg 박사가 수련자들에게서 종종 들은 말이 있다. 지금까지 비판받는다는 느낌 없이 중요한 피드백을 받아본 적이 없으며, 이러한 경험은 배움에 큰 도움이 되고 혜택이 되었다는 것이다. 따라서 수퍼비전이 지닌 예술적인 측면은 비판이 아닌 지지받는 느낌을 가지면서 교정적인 피드백을 받는 것이다. 수퍼바이저가 탐구자로서 체험의 끝자락을 살펴보는 모델링 역할을 수련자에게 보이고, 모든 것을 아는 전문가가 아니라 호기심을 갖고 탐색을 촉진하면서 좋은 방안들을 찾는 방법들을 제안할 때 수련자는 큰 도움을 받을 수 있다.

EFT 수퍼바이저는 상담자의 역할도 한다. 만약 수련자가 치료자로서의 자신의 능력에 잠재적인 영향을 미치는 개인적인 삶의 문제나 방해물을 갖고 있으면, 수퍼바이저는 일정 한도에서 지지적인 상담을 제공한다. 이에는 수련자가 자신의 감정을 명료화하고 문제를 구체화할 수 있게 공감적이면서도 과정을 안내하는 것이 포함된다. 하지만 이러한 조력은 한 회기 내에서 이루어져야 하며, 이후에는 수련자가 원하면 어떤 다른 치료자에게 의뢰할 수 있다. 수퍼바이저가 하는 상담은 지속적인 것이 아니라 한 차례 제공되는 것이다. 예를 들어, 수련자가 좋은 치료자가 되기 위한 배움에 관해 불안감이나 절망감을 느끼면 수퍼바이저는 수련자의 고통스러운 감정을 공감하면서 수련자에게 그 감정을 더 탐색해 보고 싶은지 묻는다. 단, 수련자가 더 탐색해 보고 싶다고 확실히 말하는 경우에만 수퍼바이저는 수련자의 자기비판 과정을 탐색해 볼 수 있다. 이러한 탐색은 한 번만 하는 것이 이상적인데, 이때 수퍼바이저는 수련자가 편안함을 느끼면서 수퍼바이저의 관계를 유지하는 선을 넘지 않도록 조심스럽고 민감하게 해야 한다.

수퍼바이저는 수련자의 훈련과 개인적 탐색에 관여함과 아울러 조언자로서 수련자의 발달을 촉진하는 역할도 하는데, 수련자가 내담자와 작업하면서 느끼는 자신의 감정과 생각을 신뢰하도록 격려한다. 수퍼바이저는 수련자의 강점과 재능을 인식함과 아울러 수련자의 자기 효능감을 고양한다. 이런 활동을 할 때 수퍼바이저는 전문가로서의 태도가 아닌 협력자로서의 태도를 취한다. 참여와 평등의 태도는 중요한데, 수퍼바이저는 모범을 보이는 것과 수련자가 자기 자신을 신뢰하도록 격려하는 것 간의 균형을 유지한다. 때로 수퍼바이저는 수련자가 내담자와의 치료 회기에서 경험하는 것을 탐색하도록 촉진하는 과정 촉진자의 역할도 한다. 정서 중심적 태도(존중, 공감, 진정성 및 협력적 문제 해결)를 전달하는 기술은 가르쳐질 수 있다는 것을 모범적으로 보이는 것도 중요한데, 이것은 수련자 자신의 경험에 대한 작업을 통해서도 가능하다. 수퍼바이저는 또한 조언자로서 지식과 정보를 제공하는 자원도 될 수 있다.

수퍼바이저의 참여 방식

EFT 수퍼바이저는 특정 절차와 방법으로 수련자의 발달과 성장에 참여하고 기여한다. 수련자는 변화 과정의 주체, 즉 자신의 속도로 성장하는 타고난 능력을 부여받은 사람으로 여겨진다. 이런 맥락에서 수련자는 변화와 성장을 위한 수퍼비전 중에 Rogers의 세 가지 조건인 공감적 이해, 진정성, 무조건적 긍정적 존중을 받아야 한다. 수퍼바이저는 공감적 탐색, 체험적 학습, 대화, 모델링, 역할극, 과정 안내와 같은 활동들에 참여한다. 수퍼바이저는 인식되지 않은 문제들을 토론의 장에 부드럽게 가져오고, 수련자에 의해 제기된 문제들을 인정하며, 수련자의 경험을 타당화한다. 수퍼바이저는 어떤 문제의 발생에 공동으로 관여했다는 전제에서, 수련자가 자신의 관점을 개방적으로 공유하도록 초대하고, 그 의미를 공감적으로 반영하며, 문제를 공감적으로 탐색하는 데 관여한다. 수퍼바이저는 어려움에 대한 각자의 지각을 탐색하고 어려움에 대한 공유된 이해를 형성한다.

수퍼바이저는 수련자가 경험하는 개념적 이해의 어려움에 귀를 기울이고 수련자가 EFT의 이론과 연구에 기반한 배경 정보를 기억하도록 돕는다. 치료적 개입과 관련해서 수퍼바이저는 일화적 예시를 제공하고 수련자와 함께 좋거나 나쁜 개입의 예시 동영상을 살펴본다. 어떤 회기의 발췌본에 귀를 기울일 때, 수퍼바이저는 사용될 수 있었던 다양한 개입의 예시와 피드백을 제공한다. 수련자는 특정한 치료적 과제와 관련된 어려움의 예를 구체적으로 제공하도록 요구받는다. 수련자는 지식적인 부족의 공백을 메우기 위해 과제를 하도록 요구된다. 수퍼바이저와 수련자는 회기의 특정 조각들에 귀를 기울이면서 피드백이 필요한 지점을 발견할 때는 잠시 멈춘다. 수퍼바이저는 맞고 틀린 것보다는 "그럴 수도 있다"는 관점을 갖고 작업하는데, 이는 어떤 한 지점에서 많은 것들이 행해질 수 있음을 보여줌과 아울러 "옳은 것"을 촉진하기보다 다양한 가능성을 제공하기 위한 것이다. 수퍼바이저와 수련자는 어떤 특정 과제나 이 과제의 어떤 한 단계 또는 이 두 가지가 혼합된 것과 관련된 수련자의 수행과 어려움들을 매 순간 함께 탐색한다. 잠재적인 치료적 장애물들이 있을 때, 수퍼바이저는 수련자의 체험을 심화하는데 수련자는 다른 대안적 개입에 대해 생각하고 도움이 되는 치료적 반응을 연습하도록 요구된다. 수퍼바이저는 다양한 방법들을 사용해 수련자가 반응과 개입을 수행하도록 돕는다.

수퍼바이저로서의 개인적인 발달

이 장에서 우리는 수퍼바이저가 된 우리 자신의 개인적인 경험들을 나눈다.

Leslie S. Greenberg 박사

나는 40년간 수퍼비전을 해 오고 있다. 나는 내담자 중심 치료자로 수퍼비전을 받았는데, 이 경험이 나에게 주 수퍼비전 모델을 제공하였다. 나의 수퍼바이저 Laura Rice는 Rogers의 학생이었는데, 그녀는 내담자 중심의 틀에서 수퍼비전을 제공하였다. 하지만 살짝 변형을 주었는데, 내담자의 정보 처리 과정을 증진하고 특정 개입을 통해 내담자가 매 순간 정보를 처리하는 과정을 강화하도록 돕는 데 초점을 많이 두었다. 이러한 수퍼비전 경험은 내가 현재 매 순간 벌어지는 사건과 과제에 초점을 두도록 이끌었다.

나는 수퍼비전 관련 교과목을 수강했거나 관련된 어떤 수련을 받은 적은 없다. 초기에 Laura Rice의 인간중심 수퍼비전이 아닌 다른 수퍼비전을 다소 받았었다. 한번은 사회학습 관점을 가진 수퍼바이저로부터 수퍼비전을 받았고 또 한번은 정신 역동 관점을 가진 수퍼바이저로부터 수퍼비전을 받았다. 체험 지향적 수퍼비전을 받은 적도 있지만 주된 수퍼비전은 Laura Rice로부터 받았다. 이와 함께 나는 게슈탈트치료 수련에도 참여했었는데, 이 수련에서 집단의 다른 구성원과 내담자-치료자로 짝을 지어 작업하면서 즉각적인 피드백을 받았다. 그리고 다른 더 큰 집단에서도 피드백을 받았는데 이것은 다른 형태의 수퍼비전 모델이었다. 나의 수퍼비전 경험에 근거할 때, 테이프를 활용한 수퍼비전과 라이브 수퍼비전이 가장 의미 있다는 것을 알게 되었다. 그리고 이것이 수퍼비전이 이루어져야 하는 방식이고 또 내가 수퍼비전을 제공하고 싶은 방식이 되었다. 수퍼비전의 시작부터 나는 아주 강한 과정 지향적 방식에 몰입하게 되었는데, 나는 사례에 대한 논의가 특별한 도움이 된다고 보지 않는다. 또한 해석이 동반된 사례 공식화에 대해 아주 회의적이고 회기에서 일어나는 실제적인 상호작용을 보기를 선호한다.

내가 심리치료 수퍼비전을 시작한 것은 학생들에게 Rogers의 핵심 치료조건을 훈련하는 한 상담 프로그램의 교수일 때부터였다. 학생들은 Rogers의 핵심 조건을 강조하는 Carkhuff(1969)의 모델을 기본으로 하면서 공감에 대한 추가적인 개념, 즉시성, 직면과 같은 요인들을 부수적으로 수련받았다. 나는 치료자이자 수퍼바이저로 성장하면서 다른 사람의 수용이 결정적인 요인이며, 이러한 수용은 진심으로 공감하는 사람에게서 나올 필요가 있음을 알게 되었다. 당시에는 수련에 대한 두 가지 관점 간에 논쟁이 있었는데, 하나는 수련을 “태도의 훈련”으로 보는 Rogers의 관점(공감적으로 존재하는 방식의 증진을 위해 체험 기반의 개인적 성장을 더 강조하는 접근; Rogers,

1980)이었고, 다른 하나는 공감을 "기술의 훈련"으로 배우는 관점(명확한 기술 훈련을 포함하는 행동주의 관점; Carkhuff, 1969)이었다. 나는 이 두 가지 관점을 통합하였는데, 치료적 존재 방식으로 공감적 태도를 개발하는 것의 중요성을 믿으면서도 공감 기술을 하나의 기술로 발달시키고자 하였다. 즉, 수퍼비전에서 체험적 작업을 할 때 공감을 사용함으로써 수련자가 자신의 개인적인 체험을 다룰 때도 공감을 경험하도록 돕고, 또 이를 통해 개인적 성장을 도모하는 것이었다. 달리 말하면, 공감적 작업 과정은 수련자가 자신의 장벽과 편견을 다룸에 있어서 자신의 불안감, 부족함, 정서에 대한 두려움을 다루도록 돕는다. 또한 수퍼비전을 할 때 나는 수련자에게 공감하는 기술을 발달시키고 적용하도록 하면서도, 공감이 단지 이해의 제공만이 아니라 정보와 정서의 처리를 돕는 역할을 한다는 점을 강조한다. 내가 받은 게슈탈트 수련과 오리엔테이션은 내담자와 지금-여기를 자각하는 데 초점을 두게 하였다. Carkhuff(1969)가 제시하는 높은 즉시성(immediacy)은 지금-여기에 초점을 두면서도 소통에 대한 소통(metacommunication)을 통해 관계 문제에 접근하는 기본 틀을 내담자에게 제공한다. 하지만 나는 직면, 특히 불일치에 대한 부정적인 직면이 유용하다고 믿지 않았다.

나는 수퍼비전이 수련자에게 내담자에 대한 느낌들을 표현하고, 처리하며, 내담자를 더 잘 이해할 수 있는 공간을 제공할 필요가 있다고 본다. 따라서 수퍼비전은 테이프를 멈추고 개입 기술을 제안하면서도 수련자가 자신의 불안과 방어를 체험적으로 다루도록 돕는 것을 포함한다. 공감적 탐색에 덧붙여 나는 두 의자 대화를 사용해 수련자는 내담자 역할을 하고 나는 치료자 역할을 하게 하곤 하는데, 이것은 수련자가 내담자에게 무엇이 일어나는지를 더 잘 이해하도록 도우면서도, 수련자에게 치료자로서 할 수 있는 것의 모범을 보이기 위한 것이다.

처음에 내가 하는 기술 중심의 수퍼비전은 공감적 탐색 기술의 발달과 체험의 심화를 촉진하는 방법에 초점이 있었다. 수퍼바이저로 성장하면서 나는 변화 과정에 관한 많은 연구를 수행하였고 이러한 연구는 수퍼바이저인 나에게 영향을 미쳤는데, 왜냐하면 어떤 처리 과정이 변화를 촉진하는지를 알게 하였기 때문이다. 그리고 나는 이렇게 알게 된 것을 수퍼비전에 적용하기 시작하였다. 시간이 지나면서 내가 하는 수퍼비전은 더욱 기법 지향적으로 되었고, 나는 수퍼비전 중에 다양한 형태의 개입 기술을 더 많이 가르치게 되었다.

일반적으로, 나의 수퍼비전 방식은 내가 EFT 이론과 실제를 발달시키면서 진화해 왔다 하겠다. 치료적 변화에서 정서의 역할을 명확히 이해하게 됨에 따라, 수련자들이 정서가 처리되는 다양한 과정을 식별하고 정서에 접촉하는 기술을 촉진하는 데 더 초점을 두었다. 수퍼비전 중에 나는 수련자가 표식과 과제를 더 구체화해가면서 그에 맞는 개입방법을 배우도록 돕는다. 수퍼비전을 더 많이 진행하면서 표식, 과제, 미세기술에 초점을 맞추면서도, 수련자가 내담자의 주된 문제와 핵심 정서에 기반해 사례 공식화를 구성하도록 돕는 나를 보게 되었다. 이러한 진전은 지도 학생들과 내가 수행한 치료 과정에 관한 연구들로 더욱 촉진되었다. 학생들과 사례 공식화 모델을 명료화해 가면서, 나는 표식과 과제의 명료화, 공감적 기술과 미세기술의 발달에 덧붙여, 내담자의 핵심 도식과 주제에 대한 개념화를 수퍼비전에 더 많이 포함하기 시작하였다. 수퍼비전의 기술적 측면이 증가하면서 나의 수퍼비전은 수련자의 개인적인 문제와 방해물에 초점을 덜 두기 시작했고, 수련자들에게 포괄적인 자기 탐색을 위해 치료를 받는 것을 권유하였다. 나는 아주 숙련된 정서 중심 치료자가 되기 위해서는 개인적인 작업이 더욱 필수적임을 알게 되었는데, 수련자가 내담자의 문제와 취약함을 다룰 수 있기 위해선 자신의 문제를 해결하고 취약한 부분을 다룰 필요가 있기 때문이다. 개인 작업이 중요한 이유는 개인적인 이슈가 대인관계에서 역전이 패턴을 유발하기 때문이 아니라, 자신의 정서를 처리하고 다루는 작업이 타인의 정서와 작업하는 능력을 증진하기 때문이다(예: 타인이 자기비판, 상실감, 수치심, 분노를 다루는 것을 돕기 위해서는 자신의 것들을 해결하는 작업이 필요한 것이다).

수퍼비전에서 나는 치료과정과 개입에 대해 더 많이 제안하고 수련자가 표식을 식별하고 과제를 실행하도록 가르친다. 또한 변화가 어떻게 일어나는지에 대해 설명을 제공하고 이론과 실제를 연결하게 한다. 단, 이런 작업은 늘 테이프를 통해 치료과정의 한 부분에 귀를 기울이는 맥락에서 한다. 따라서 나는 수퍼비전에서 따라가기에 시간을 덜 보내고 안내하기에 더 많은 시간을 보내는데, 어떤 수련자는 이 방식을 위협적이거나 비판적인 것으로 경험한다. 하지만 내가 하는 중요한 피드백은 대부분 비판적이 아니라 건설적이라는 반응을 받아왔다. 내 생각에 이러한 다소 지시적인 형태의 수퍼비전이 제공되기 위해서는 수용과 타당화라는 관계적 틀이 전반적으로 먼저 확립될 필요가 있다. 또한 나는 나의 개인적인 경험과 함께 내담자들과의 경험에 대해서도 개방하고, 현실적인 자원과 추천하는 대상들을 활용하는 것을 제안하는데, 이러한 작업은 수퍼바이저와 수련자에게 우리라는 느낌을 갖게 하고 함께 노력해 수련자가 더 나은 치료자가 되도록 돕는다.

Liliana Ramona Tomescu 박사

내가 수퍼비전에 특별한 관심을 지니게 된 계기는 이전에 공산주의 국가였던 루마니아에서의 학창 시절로 거슬러 올라간다. 계획된 세뇌, 가난, 강요된 순응, 표현에 대한 만연된 공포가 지배하는 환경에서 성장한 어린아이에게 미국으로의 이민은 자유, 개성, 성장의 참된 가치를 이해하고 감사하게 했다. 그리고 이러한 성장은 교육자들 및 수퍼바이저들과 자유롭고, 협력적이며, 사고를 촉진하는 경험을 한 결과였다.

개인적으로, 나는 교사인 어머니가 정말 혼란스럽다며 나에게 "나는 네가 어떤 수업에서는 아주 뛰어난데 다른 수업에서는 거의 없는 아이 같다고 들었다. 어떻게 그것이 가능한지 궁금하다?!"라고 물었던 순간에 놀라서 말문이 막혔던 느낌을 기억한다. 어머니의 이러한 질문은 나에게 '무엇이 그런 차이를 만들지?'라는 생각을 하게 했다. 그리고 내가 알아차리게 된 것은, 내가 가장 좋아하는 수업과 과목들은 교수님들이 나를 몰입되게 하고, 자극하고, 인정받는 느낌을 갖게 만든다는 것이었다. 나는 이런 과목들에서 최고가 되었다. 다른 과목들에서는 할 수 있는 만큼 멀리 도망가서 어떤 것도 하고 싶지 않았다. 따라서 나는 수업을 빼먹을 수는 없었기에 도피성의 몽상을 꾸고 있었다.

공산주의 시대가 끝나고 루마니아에서 학부 수업을 시작하면서 나는 수퍼비전을 직접 경험하기 시작했는데 그것은 단지 가르침 이상이었다. 하지만 무엇이 "수퍼비전"인가? 라는 이 질문에 대한 대답은 관찰과 궁금증으로 풀리기 시작하였다. 나는 다양한 수퍼바이저들로부터 다른 내적 경험을 했을 뿐만 아니라, 그들이 무엇을 달리 하고 있는지가 궁금했다. 특히, 가장 중요한 것은 그들이 자신의 지식과 기술을 어떻게 전달할 때 내가 진정으로 발전하고, 전문가로 성장하며, 바른 방향으로 나아감을 느끼게 되는가였다.

대학원에서 수강한 수퍼비전 과목과 전문가적 능력을 발달시키는 과목들은 내게 처음으로 수퍼비전인 것과 아닌 것에 대한 이론적 관점, 수퍼비전의 목적, 수퍼비전을 통해 이 목적을 달성하는 방법에 관한 연구 등을 주의 깊게 살펴보게 하였다. 하지만 수퍼비전에 관한 지식은 수련자가 되는 체험적 경험을 통해 다시 한번 더 보완되었다. Greenberg 박사님은 나의 첫 번째이자 "최고의" 수퍼바이저였다. 그는 나에게 "지금 여기에서 일어나는 것은 무엇인지요? 방금 무엇이 일어났지요?"와 같은 질문을 통해 나의 호기심을 더욱 자극하였다. 친구들 및 동료들과 생각하고 배운 것들에 관해 이야기를 나누는 것은 수퍼비전을 이해하게 하는 또 다른 통로였다. 흥미로운 반응들이 제기되었으며, 현상을 숙고하고 평가하는 방식에서 서로 어떤 성격상의 차이가 뚜렷했는데, 이런 것들은 수퍼비전이 궁극적으로 수련자, 수퍼바이저, 내담자의 성장을 위해 고안된 대인관계의 장임을 이해하게 하였다.

끝으로, 결정적인 차이를 만드는 것은 현실 검증이었다. 내담자들은 증상의 호전을 통해서 또 치료과정에 대한 직접적인 논평을 통해 무엇이 훌륭한 수퍼비전인지를 최종적으로 평가하였다. 즉, 수퍼비전이란 영감을 주고받는 멘토 관계로 이것은 말로만으론 충분히 파악할 수 없는 예술의 경지에서 경청하고 전달하는 것이다. 이런 관점에서 보면, 오늘의 나는 적어도 부분적으로는 개인적인 삶의 역사, 문화적 배경과 사회적 맥락, 학술적 경험, 내가 만난 멘토들의 반영이다. 하지만 이것이 모든 것을 설명하지는 않는데, 수퍼비전은 단지 훌륭한 멘토만이 아니라 헌신적이고 끈기 있는 제자, 즉 종종 자신의 관계적, 사회적 역사를 떠올리면서 다양한 정서들을 직면하는 제자의 역할도 있다. 수퍼비전에는 용기가 필요하다! 자신의 지식과 기술의 한계를 직면하면서 불편감을 받아들이는 것은 좌절감을 느끼게 하면서도 결단을 요구한다. 한편으론, 자신을 옹호하는 것과 수퍼바이저의 훌륭한 개입을 인정하고 순응하는 것 간의 균형을 유지하는 것을 배우면서, 다른 한편으론 힘의 차이와 조율의 결여가 초래하는 파괴적인 결과를 자각하는 것은 대인관계 기술을 연마시킨다. 이런 이유로 이 책을 쓰는 것은 나에겐 전 수퍼바이저와 협력적으로 작업하면서도 동료 수련자들의 목소리를 대변하는 연습이었다.

이 책의 내용에 대한 안내

이 책에서 우리는 과제분석을 통해 도출된 사안 기반의 수퍼비전 모델을 제시하고 아울러 다양한 과제 예시들도 제공한다. 다수의 장은 진짜 수련자들과의 수퍼비전 회기들에서 도출된 축어록들이 포함되는데, 이 중에는 APA 도서(http://www.apa.org/pubs/videos/

4310952.aspx)에서 구매할 수 있는 Greenberg 박사의 **정서중심치료 수퍼비전** DVD에 있는 것들도 있다. 2장은 EFT 수퍼비전 모델의 핵심요소들, 즉 수퍼비전 동맹, 수련자의 대인관계 기술, 치료기법에 대해 논의한다. 3장은 수퍼비전 과정에 초점을 두었는데 여러 사례를 활용한다. 4장은 작업동맹과 관련된 어려움을 살펴보는데 수퍼바이저와 수련자의 동맹에 대한 것과 수련자/치료자와 내담자 간의 동맹을 다룬다. 5장은 치료기법과 관련된 수퍼비전의 어려움에 초점을 맞추고, 6장은 EFT 수퍼비전과 관련된 연구에 초점을 둔다. 마지막 7장은 향후 방향에 대한 제언들을 간략히 담고 있다.

2장

정서중심치료 수퍼비전 모델의 핵심 차원

승리의 고지, 의도한 목적지, 원하는 성공에 이르기 위해서는 그 과정을 겪어야 한다.

—Idowu Koyenikan

먼저 작은 것을 성취하라. 그러면, 궁극적으로 위대한 것을 성취할 것이다.

—Bidemi Mark-Mordi

이 장에서 우리는 정서중심치료(EFT) 수퍼비전 모델의 핵심 차원들을 제시한다. 이 차원들에는 EFT 역량과 수퍼비전의 목적에 관한 기술, 수퍼바이저의 개입 및 참여 방식, 사안 기반의 EFT 수퍼비전 모델에 관한 전반적인 설명이 포함된다. 이 모델은 과정 기반 수퍼비전 접근이다(참고. Bernard & Goodyear, 2013). 이 접근은 심리치료의 변화 과정을 이해하는 과제분석 접근에 기반함과 아울러, Ladany, Friedlander 및 Nelson(2005, 2016)이 제안한 사안 기반 패러다임이 제공하는 지식에도 기반을 둔다. 이 모델에 대한 전반적인 설명은 표식, 과제 환경, 수련자의 처리 과정, 과제 해결에 초점을 둔다. 이와 함께, EFT

수퍼비전의 주된 요소들(수퍼비전 동맹과 수련자의 대인관계 기술, 치료기법, 개별화 문제)이 간략히 논의되는데, 더 자세한 논의는 다음 장들에서 이루어진다. 우리는 이러한 사건 기반 모델이 수퍼비전에 관한 지도를 더 분명하게 제시해 줄 것으로 기대한다. 결국 여기서 제시된 모델은 수퍼비전의 핵심요소들을 식별하고, 이해하고, 궁극적으로 배우게 하는 기본 틀이다.

정서중심치료 역량과 수퍼비전의 목표

EFT 역량은 다음의 다섯 가지 측면으로 분류할 수 있다.

- **관계 역량**은 내담자와 긍정적이고, 성장 지향적이며, 진정성 있는 치료적 관계를 형성하고 유지하는 능력이다. 구체적으로, EFT 관계 역량은 현존, 인간적인 따뜻함, 공감, 자비를 전달하는 수련자의 능력이다.
- EFT 치료자는 **태도 역량**이라 불리는 일군의 태도를 지닌다. 이 태도에는 진솔한 호기심, 인간에 대한 긍정적인 시각(예: 모든 인간은 조건 없이 사랑과 존중을 받을 가치가 있다), 변화는 일어날 수 있다는 믿음을 포함한다. EFT 훈련과 수퍼비전 중에 초점을 맞추는 다른 태도에는 경험에 대한 개방성, 모호함에 대한 높은 인내력, 자기 자각의 증대, 사회적 자각(예: 다양성과 진실함에 대한 인식)을 소중하게 여기고 실행하는 것이 포함된다.
- 수퍼비전은 다음과 같은 **치료적 기술 역량**의 발달에 초점을 둔

다: (a) 지각 기술, 개념화 기술, 개입 기술, (b) 표현 기술(공감적으로 소통하기, 타인과 관계 하기, 타인을 편안하게 하기, 라포를 형성하기, 존중감을 소통하기), (C) 과정 처리 기술(조율된 경청이 동반된 과정 진단과 공식화 기술), (d) 고급 개입 기술(다른 유형의 치료적 과제의 성취에 사용되는 기술).

- **정서적 역량**은 정서의 자각과 함께 이성적인 행동에 정서를 활용하는 능력을 의미한다. 이 역량에는 정서 자각, 정서 활용, 정서 지식, 정서조절이 포함된다. 달리 말하면, 자신과 타인의 정서를 지각하는 능력, 사고 촉진을 위해 감정에 접촉하고 촉발하는 능력, 정동을 인내하고, 정서를 이해하며, 성장 촉진을 위해 자신과 타인의 정서를 조절하는 능력이 포함된다.
- **지식 역량**에는 EFT 연구자료와 이론 및 정서와 관련된 문헌에 대한 전문적 지식과 함께 가장 중요한 것으로 자신과 타인에 대한 지식이 포함된다.

수퍼비전의 목적

1. **성장 지향적이고, 진정성 있으며, 신뢰하는 관계를 제공하기**. 이를 통해 수련자가 심리치료적 가치관을 형성하고 이 가치와 부합하는 전문가적 정체성을 발달하도록 돕는다.
2. 수련자의 장점을 강화하고 약점을 완화함으로써 수련자의 **임상적 역량**을 증진하기. 안전한 수퍼비전 관계 안에서 수퍼바이저는 수련자가 (a) 자신의 대인관계 기술들(예: 내담자와 유대감을 형성하고 협력적 동맹을 지속하기)을 증진하고, (b) 과정 진

단 기술들(예: 치료 중에 표식을 식별하고 내담자와 과제에 대해 협력적으로 작업하기)을 개발하고 사용하기, (c) 치료기법들(예: 개입, 개념화, 대화를 통한 개별화 기술; 내담자를 따라가고 이끄는 작업을 통해 함께 구성하기)을 발달하기, (d) 정서 촉진 기술들(예: 정서를 자각, 접촉, 이해, 조절, 탈바꿈하는 능력을 강화하기; 수련자가 앞으로 수퍼비전을 수행하도록 체험적 기초 제공하기)의 발달을 조력한다. EFT 수퍼바이저는 수퍼비전에서 경험하는 모든 것이 태도와 기술의 발달에 영향을 미치기에 정서의 자각, 공감, 비판적 사고, 성장을 포함한 가르치는 모든 것에 모범이 되어야 한다.

3. 내담자의 복지를 유지하고 **내담자의 변화를 촉진하기**. 항상 내담자의 이익에 가장 관심을 두면서 내담자가 자신의 어려움을 해결해 나가고 자신의 내외적 복지상태와 일치하는 수준에서 적응하도록 돕는 작업에 헌신한다.
4. **전문가로서의 적절한 윤리적 실천**이 이루어지도록 돌보기. 내담자에게 안전과 가장 좋은 치료적 결과를 담보하는 것이다.
5. 끝으로, EFT가 교육되는 상황에 따라 달라질 수 있지만, 수퍼바이저는 수련자의 **성과를 평가**할 책임이 있다. 이때 수련자의 발달 수준과 다음 단계의 훈련이나 전문가적 발달로 넘어갈 준비 정도를 점검하고 형성적 피드백을 제공한다.

EFT 수퍼비전의 목적을 말할 때 두 가지 중요한 측면이 고려될 필요가 있다. 첫째는 수퍼비전의 관계적 측면으로 협동적 작업의 기초가 되는 수퍼비전 동맹의 형성이 가장 중요하다. 수퍼비전의 경험은 두 사람 간의 참만남으로, 수련자와 수퍼바이저는 지속적인 "나-너"(참고. Buber, 1958) 대화를 통해 서로 탈바꿈시키고 탈바꿈된다. 이것은 관계적 경험의 측면이다. 하지만 이러한 협동적 관계의 핵심 목적은 내담자를 치료적으로 처치하는 것이기에 내담자의 복지가 수퍼비전 동안 실제로 촉진되어야 한다. 이러한 협력적 관계가 수퍼비전의 기술적 및 목적 지향적 측면의 기반이 된다.

둘째, EFT 수퍼비전의 중요한 사항은 치료 역량의 평가다. 최적의 학습 환경을 제공하기 위해서는 수련자의 학습, 성장, 발달이 수련자의 진전에 대한 공식적인 평가보다 우선시되어야 한다. 모든 사람은 성장의 내적 자원을 소유하고 있으며 이러한 성장의 씨앗은 비옥한 토양이 필요하다는 신념과 일치하도록, 안전하고 촉진적이며 창조적인 환경은 수련자의 치료적 작업 능력을 강화하는 일련의 도구를 제공하기 위해 필수적이다. 덧붙여, EFT 수퍼비전은 사례 검토도 아니고 수련자를 위한 대리 치료도 아니다. EFT 수퍼바이저의 가장 근본적인 역할은 지지와 부드러운 안내의 제공과 함께 내담자의 체험적 정서 처리를 촉진하는 학습 방법을 심화하는 것이다. 수퍼비전은 내담자와의 치료장면에서 활성화되는 수련자의 개인적인 이슈에 대한 치료를 제공하는 것이 아닐 뿐만 아니라, 수련자의 접근방식에 대한 권위적이고 경직된 지시도 아니다. 이것은 어떤 매뉴얼화된 처치법을 실행하고 준수하는 것이 아니다(Ladany et al., 2005).

수퍼바이저의 개입 스타일: 참여 방식

EFT 수퍼바이저가 개입할 때 선호하는 참여 방식은 수련자가 자신의 딜레마를 탐색하도록 도우면서 수퍼바이저 자신의 수련자에 대한 반응과 수련자가 내담자 및 치료과정에 대해 갖는 염려를 포함한다. EFT 수퍼바이저는 다음과 같은 중요한 반응들을 사용한다(참고. Elliott, Watson, Goldman, & Greenberg, 2004).

- **공감적 탐색**(empathic exploration)은 이해한 것을 소통하기 위해 사용됨과 동시에 수련자가 모호하게 이제 막 드러나는 지점에서 출발해 내담자가 소통하고, 느끼고, 요구하는 것을 더 잘 이해하는 방향으로 나아가도록 돕기 위해 사용된다. 이러한 탐색은 탐색적 질문, 적합성 질문, 과정의 관찰, 공감적 추측, 공감적 재초점화를 포함해 여러 가지 형태를 취할 수 있다. 예를 들어, 수퍼바이저는 "선생님의 반응은 내담자의 목소리에 담긴 분노가 아닌 내담자의 고통을 타당화하고 있었던 것으로 보여요. 그 순간에 무엇이 일어났고 무엇이 그러한 반응으로 이끌었는지 궁금하네요."라고 말할 수 있다.
- **과정 안내**(process guiding)는 EFT 수퍼바이저가 내용이 아니라 과정을 안내하는 것을 목적으로 한다. 수련자의 염려와 관련해 수련자에게 무엇을 하도록 하는 것은 과제 협력과 자기 발달의 원리에 어긋난다. 그 대신 EFT 수퍼바이저는 수련자가 어떤 치료 과제를 어떻게 생산적으로 작업할 것인지에 대한 제안을 포

함하는 치료과정을 안내하는 반응을 제공한다. 이에 수퍼바이저는 (a) 수련자가 내담자의 문제들을 체험적 용어로 개념화하도록 돕기 위한 체험적 공식화, (b) 향후 주의를 기울이고 작업할 가치가 있는 특정 경험과 과제에 대해 밑줄을 그어 강조하는 책갈피(bookmarking) 표식, (c) 체험의 성격이나 처치 과정에 대해 정보를 제공하는 체험적이고 교육적인 반응, (d) 잠재적인 과제나 목전의 과제에 참여하거나 과제를 성취하는 방법에 대한 제안을 통해 수련자가 특정 치료 과제에 참여하도록 돕는 과제 반응의 구조화 및 (e) 치료자가 회기에서 특정 개입(예: 초점 맞추기, 의자 작업)을 시도하도록 권유하는 코칭 활동인 과정 제안을 사용할 수 있다. 예를 들어, 수련자가 내담자를 돕기 위해 공감적 반응에 지나치게 의존하는 것을 알게 될 때, 수퍼바이저는 수련자에게 과제 반응을 구조화하도록 다음과 같이 제안할 수 있겠다, "공감을 전하는 방식은 좋지만, 반응할 때 구조화를 좀 더 사용하고 과제를 염두에 둘 필요가 있겠다는 생각이 드네요." 수퍼바이저는 가끔 자각 과제를 사용하는데, 수련자가 치료의 미세 과정을 더 잘 파악하도록 녹화된 회기의 발췌본을 분석하도록 제안한다. 예를 들면, 표식, 내담자의 정서 반응, 잠재적 과제, 상응하는 개입 반응을 식별하게 하는 것이다.

- **체험적 현존 반응**(experiential presence responses)은 종종 조율, 존중, 진정성, 협력에 기반해 소통하고 수퍼비전 동맹을 강화하는 것을 목적으로 한다. 현존을 소통하는 두 가지 방식, 즉 과정 개방(예: 수련자가 사용한 어떤 치료적 개입에 관해 관심을 전달하기)과 사적 개방(예: 개인적 및/또는 전문적 예시와 경험을 활용

하기)을 교육의 수단으로 사용한다. 예를 들어, 수퍼바이저는 치료 회기의 테이프를 들으면서 "좋은 경청/따라가기" "아주 좋아요!" "그것 좋네요!"와 같은 작은 격려를 사용할 수 있다.

- 수퍼바이저의 **내용 지시적/비체험적 반응**(content directive/nonexperiential responses; 예: 문제 해결을 목적으로 한 조언, 전문가로서의 확언, 정보에 대한 질문)은 최소화한다는 원칙이 있지만 불가피한 측면이 있다. 수퍼비전 경험은 그것이 EFT든 다른 접근이든 어느 정도의 사례 관리를 포함하는데, 수퍼바이저는 실제적인 문제들을 다룰 때(예: 윤리적 행동 실행, 치료적 세팅 조성, 내담자의 자살 경향성 또는 정서조절 결여와 같은 문제들의 언급)는 조언자 또는 조정자의 역할을 해야 한다. 예를 들어, 자살 경향성이나 경계선 위반(예: 내담자가 회기에 나타나지 않음, 상담료 미지불, 비싼 선물의 제공)과 같은 문제들에 직면할 때, 수퍼바이저는 무엇보다 먼저 수련자에게 이 문제들을 다루는 자세한 방법과 안내를 제공하는 데 관심을 가져야 한다. 수퍼바이저는 다음과 같이 말할 수 있다:

> 더 진행하기 전에, 간단한 회기 평가를 통해 환자의 자살 경향성을 논의할 필요가 있네요. 환자의 죽음에 대한 환상, 즉 환자가 적극적으로 또는 수동적으로 자살 사고를 하는지, 얼마나 자주 자살 사고를 하는지, 자살을 실행할 구체적인 계획이 있는지, 있다면 어떤 방법을 사용하려 하는지, 회복 탄력적 요인들을 무엇인지, 그리고 그 외에 또 다른 것을 아는지요?

Glickauf-Hughes와 Campbell(1991)은 집단 수퍼비전에 대한 체험적 접근법을 제시하였는데, 이들은 다양한 이론적 기반을 반영하는 수퍼비전 기법들(예: 평행 과정, 대화, 자신을 도구로 사용하기, 수퍼바이저이자 치료자, 역할 놀이)을 통합하는 데 초점을 두었다. 여기서는 이 체험적 접근법을 EFT 수퍼비전의 틀에 맞게 재구성, 적용하였다.

따라서 수퍼비전에서의 대화는 수련자가 내면에서 진실을 발견하도록 가르쳐야 한다는 인식에 기반하는데, 수퍼바이저에게는 자신의 참고체계가 아닌 수련자의 참고체계에서 질문을 만들어 내는 능력이 요구된다. 수퍼바이저는 "이것이 바로 그것이다."라고 말하는 대신 "어떻게 생각하느냐?"와 같은 질문을 던질 수 있다. 이 기법을 사용함으로써 수퍼바이저는 수련자의 질문에 답을 주기보다 수련자가 자신에게 맞는 답에 도달하도록 돕는 질문을 한다. 이를 통해 수련자는 자신의 느낌, 지각, 치료적 개입을 신뢰하도록 격려된다. 이러한 대화를 가장 잘 활용하기 위해 수퍼바이저는 수련자의 이론적 틀(수련자는 이전에 인지행동 또는 정신 역동 접근의 훈련을 받았을지도 모름)에 민감함과 아울러 수련자의 개인적, 문화적, 전문가적 관점에도 민감해야 하며, 서로에게 공통된 언어를 찾아야 한다.

또한 EFT 수퍼바이저는 내담자와의 관계에서 무엇이 일어나는지를 알리는 신호로, 치료 회기에서 자기 자신을 체험적으로 사용하는 수련자의 능력에 초점을 맞춘다. 수퍼바이저는 수련자가 내담자와 상호작용하는 다양한 지점들에서 자신이 느끼는 것을 명료화하고, 그것을 심화하며, 각 느낌이 지닌 의미를 배울 수 있도록 조력한다. 이 기법은 수련자가 자신의 감정들을 정서적, 체험적으로 알아차리고, 이 감정들을 치료적 목적을 달성하는 수단으로 더 잘 활용할 수 있도록 조력하는 데 사용된다.

이상과 같은 '따라가기' 반응에 덧붙여 수퍼바이저는 다양한 반응 방법들과 어떤 표식들이 일어나고 있는지, 어떤 개입들이 사용될 수 있는지에 대해 구체적으로 치료과정을 제안함으로써 수련자를 안내한다. 이와 함께, 다수의 미세 과정 안내들이 있는데 이들은 체험과 정서적 처리의 심화를 위해 어떤 개입들이 사용될 수 있는지를 제시한다. 수퍼바이저가 직접 어떤 개입이나 치료적 반응을 시범적으로 보여 주거나 모델링하는 것도 EFT 수퍼바이저가 수련자를 돕기 위해 사용하는 또 다른 방법이다. 모델링은 직접적인 시범을 통해서만이 아니라 태도의 측면에서도 일어난다. 즉, 수퍼바이저가 내담자의 어려움은 물론 수련자를 대하는 방식은 교육의 한 형태로 수련자가 자신만의 기술들을 발달시키는 데 초석이 된다.

정서중심치료의 사안 기반 수퍼비전 모델에 대한 제반 설명

사안 기반 과제분석 패러다임에 기반한 EFT 수퍼비전 모델은 수퍼비전 관계와 과정을 구체적인 방식으로 설명한다. 이 모델은 수퍼바이저와 연구자에게 설득력 있고 의미 있는 도구인 표식, 과제 환경, 학습(또는 변화) 과정, 해결과 같은 다양한 수퍼비전 요소들에 대한 자세한 설명을 제공한다.

이 모델이 기초로 하는 가정은 EFT 수퍼비전은 일련의 수퍼비전 사안과 삽화를 내포하며 각 사안과 삽화는 공감적 협력 관계 속에서 명확한 시작, 중간, 마무리를 가진 상호작용의 과정이라는 것이다. 구체적으로 수퍼비전 사안에는 일련의 순서들, 즉 (a) 관계에서 접촉 창출하기, (b) 수련자의 문제되는 상태를 나타내는 표식 식별하기, (c) 수련자가 그 문제를 처리해 나가도록 돕기 위해 수퍼바이저가 과제 환경 만들기, (d) 수련자가 어떤 새로운 것을 배우고 처리하기, 그리고 (e) 문제 상태 해결하기가 포함된다.

수퍼비전은 관계적 접촉에서 시작하며 치료적 개입은 수퍼바이저 또는 수련자가 식별한 주의를 기울일 필요가 있는 수련자의 상태 표식에 의해 안내된다. 표식은 수퍼비전의 핵심 초점을 설정하는 데 도움이 되는데, 수퍼비전의 초점은 대인관계/작업동맹의 어려움(수련

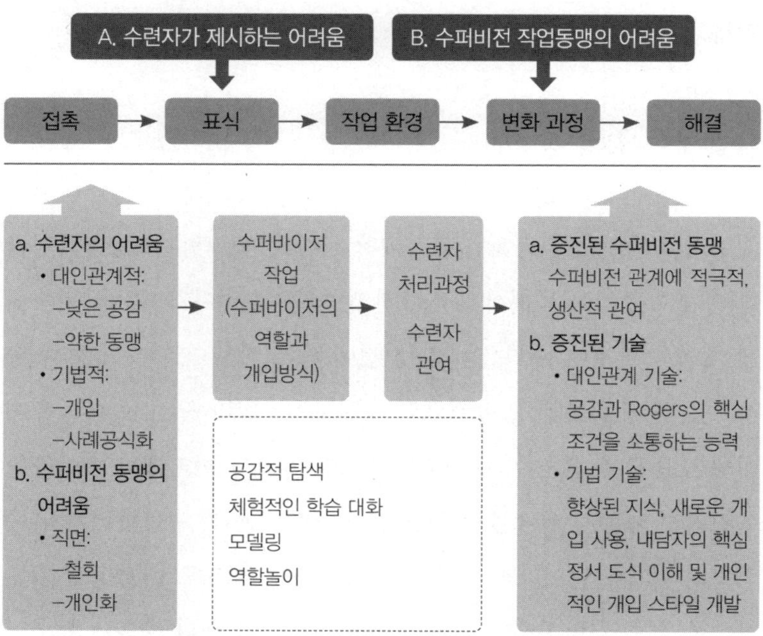

그림 2.1 정서중심치료 수퍼비전 과제의 확장된 일반 모형

자와 내담자 또는 수퍼바이저와 수련자 간의)이나 수련자가 특정한 개입 기술의 수행에 기법적인 어려움을 갖는 것과 관련될 수 있다. 이러한 어려움이 발생하면 수퍼바이저는 수련자가 이 어려움을 해결하도록 돕는 과정을 촉진하는 과제 환경을 만드는 일군의 반응을 보인다.

해결은 특정 사안의 종료를 나타낸다. 다수의 사안이 한 회기의 수퍼비전으로 완결될 수도 있지만, 어떤 사안들은 여러 회기를 거쳐 지속하거나 수퍼비전 전 과정을 통해 해결될 수도 있고 아닐 수도 있다. 우리는 수퍼비전을 치료에서처럼 공감적 지지와 타당화의 바다에서 작업하는 섬으로 본다. EFT 수퍼비전의 일반 모형은 [그림 2.1]에 제시된 바와 같이 대인관계 요소와 기법적 요소를 지닌다. 이 모형은 서로 다른 범주의 수련자 어려움, 개입 기술, 해결 방안을 보여 준다.

관계적 접촉

수퍼비전은 항상 관계적 접촉에서 시작하며([그림 2.1] 보기), 긴급한 문제가 초기 접촉에서 드러나지 않는 한, 수련자가 수퍼바이저에게 초점을 맞추어 주기를 바라는 것에 관한 질문으로 이어진다. 항상 그렇지는 않지만, 일반적으로 수련자는 어떤 사안이나 어려움에 대해 도움을 요청한다. 수퍼비전은 내담자와의 회기에서 일어나는 수련자의 행동 수행에 초점을 맞추어 행해지는데, 수퍼바이저와 수련자의 관계 발달이라는 맥락과 수퍼비전의 시점(초기, 중기, 말기)을 고려한다. 수퍼비전에는 회기 테이프(녹화물 선호)의 사용이 요구되는데, 수퍼비전의 초점은 수련자의 실제 수행이기 때문이다.

수퍼비전은 수퍼바이저가 수련자를 수퍼비전이란 공간으로 초대하고 환영하는 것에서 시작하는데, 수퍼바이저는 우호적이고 안전한 분위기를 만들고 수련자의 현재 상황, 마음 상태, 에너지 수준, 수퍼비전 회기의 잠재적 방해물이 될 수 있는 것들에 관해 간단히 나눈다. 수퍼비전 "계약"을 하기 전에 관계적 접촉에 먼저 주의를 기울인다. 계약은 함께 목표를 논의하고 수퍼비전에서 초점을 맞출 것에 관해 동의함으로써 이루어지는데, 수련 전반에 걸쳐서 할 수도 있고 특정 회기를 위해 할 수도 있다. 예를 들어, 수퍼바이저는 "안녕하세요. 여기서 다시 만나 반갑네요. 오늘 좀 어때요? 감기는 좀 회복이 되었는지요?"와 같이 어떤 말을 하면서 시작할 수 있다. 이러한 초기의 나눔 후에 작업 단계가 시작되는데, 수퍼바이저와 수련자는 무엇을 할 것인지에 초점을 맞추면서 회기 녹화물을 시청한다. 예를 들어, 수련자는 "감사합니다. 감기는 많이 좋아졌어요. 내담자와의 지난 회기와 관련해 궁금한 것이 있어요."라고 하거나, 수퍼바이저가 "수퍼비전을 다시 하게 되어 좋네요. 오늘 무엇에 관해 얘기하고 싶습니까?" 또는 "지난 회기에서 일어난 어떤 것에 관해 얘기하고 싶습니까?"라고 할 수 있다.

중요한 것은 수퍼바이저는 수퍼비전 회기 직전이나 회기를 시작할 때 자신의 마음을 정리해서 가능한 한 현재에 머무르면서 수퍼비전 전에 있었던 것들을 내려놓거나 수퍼비전과 무관한 개인적인 근심을 한쪽으로 치워놓음으로써 수퍼비전에서 수련자와 다룰 사안들에 초점을 맞추는 것이다. 수퍼비전의 초점이 새로운 내담자와의 작업일 경우, 수퍼바이저는 내담자의 배경 정보, 호소 문제, 성장 과정, 인구 통계적 정보, 회기에서 무엇을 다루었는지를 묻는다. 이런 것들에 초점을 맞추는 목적은 수퍼비전의 기반이 되는 정보를 수집하려는 것이 아니다. 왜냐하면, 수퍼비전은 항상 녹음 또는 녹화 자료에서 드러나는 치료과정에 귀를 기울이는 것에 기초하기 때문이다. 내담자에 대한 간략한 설명을 듣는 것은 오히려 내담자와 치료 회기에 대한 오리엔테이션으로 활용된다.

표식의 식별

수련자와의 관계 접촉이 일어나고 사전 정보가 수집되면, 수련자의 문제 상태에 관한 **표식**이 보통 수퍼비전 회기 초기에 드러난다. 수퍼비전 사안의 표식은 수련자가 초점을 맞추기 원하는 것을 보여주는 수련자의 진술이나 행동이다. 초점을 맞추고 싶은 표식으로는 수련자가 가진 딜레마(예: "의자 작업과 초점화 중 어디에 초점을 두어야 하는지?"), 어떤 걱정을 가진 수련자가 보이는 언어적 또는 비언어적 표시(예: "내담자가 제시하는 어떤 것을 놓치고 있는지 걱정이에요."; 어떤 문제에 대해 말할 때 불편해지면 의자에서 자세를 바꿈), 수련자가 수퍼바이저에게 도움을 직접 요청할 때(예: "오늘은 제가 한 의자 작업 기법에 초점을 맞출 수 있을지요? 제가 잘하고 있는지 모르겠어요."), 또는 교육이 필요한 지점이나 특정 방식의 개입(예: 표식, 치료 과제, 수련자가 알아차리지 못하거나 언급하지 않은 정서적 반응이나 숨은 의미)이 도움이 될 수 있는 테이프에서 관찰된 내담자 상태를 수퍼바이저가 식별하는 것이다.

수련자가 치료에서 겪는 어려움이 내담자와의 관계 어려움이나 치료적 개입 기법의 어려움일 수 있다. 예를 들어, 대인관계 어려움은 "제가 내담자와 연결감을 느끼거나 내담자를 이해하는 것 같지 않아요." "내담자가 좀 경계하는 것 같아요."와 같은 수련자의 진술에서 명확히 나타날 수도 있고 수퍼바이저가 그런 어려움을 관찰할 수도 있다. 기법적인 어려움은 "내담자가 감정을 깊이 느끼도록 도울 수가 없어요." "내담자가 분노를 말로 표현하는 걸 도울 수가 없네요." 또는 자기 비판적 대화를 언급하며 "내담자의 핵심적인 자기 비난을 알지 못하겠어요."와 같은 수련자의 진술에서 드러난다. 수련자가 그런 어려움을 겪는다는 것을 수퍼바이저가 관찰할 수도 있다. 덧붙여, 수련자와 수퍼바이저는 여러 문제를 동시에 파악하기도 하는데, 예를 들면 내담자와의 동맹의 어려움, 치료적 초점의 결여, 과정 표식을 식별하는 어려움 등이다. 이런 경우, 어떤 문제를 먼저 다룰 것인지 협의해서 정한다.

수퍼비전에서 일어나는 또 다른 유형의 표식은 수련자와 수퍼바이저 간의 동맹 문제다. 이것은 동맹 균열의 형태를 취할 수도 있는데, 수련자가 수퍼비전에 대한 불만족을 수퍼바이저에게 표현하는 것이다. 다른 유형의 수퍼비전 동맹 균열로는 수련자의 철회, 무력감, 방어, 반항이 있다. 이와 함께, 수퍼바이저가 수련자의 행동들, 예를 들어 수퍼비전에 지각하거나 치료를 방해하는 수련자의 개인적 또는 기법적 취약함에 대해 수련자에게 직면시키고 싶은 욕구를 느끼는 상황도 있다.

과제 환경

과제 환경은 수련자가 수퍼비전 과제를 수행하는 표식에 대해 수퍼바이저가 보이는 반응들이다. 이 반응들에는 수퍼바이저가 수련자에게 내담자의 핵심 문제들에 초점을 계속 맞추도록 돕거나, 어떤 미해결 과제를 해결하는 데 필요한 단계에 대해 가르치는 것이 포함된다. 수퍼바이저의 수행력이 바로 과제 환경이다. 회기 테이프 상에서 보이는 수련자의 개입이나 공감적 반응 또는 수련자가 수퍼바이저에게 어려움에 대해 진술한 이후에는 수퍼바이저의 안내가 뒤따르는데, 수련자와 수퍼바이저는 바람직한 해결책을 도출하기 위해 협력해서 과제 작업을 한다. 달리 말하면, 표식이 테이프에서 식별된 후에 수퍼바이저는 치료 회기의 일부를 듣거나 보면서 내담자와 치료자 간의 상호작용과 회기에서의 그들의 수행들(즉, 내담자와 치료자가 실제로 무엇을 말했는지, 어떻게 말했는지, 뒤따르는 반응은 무엇인지)을 "직접" 확인한다. 수퍼바이저가 관심을 두는 작업은 수퍼비전 과제를 해결하기 위해 수련자가 취한 반응과 개입이다.

수련자의 처리 과정

수퍼비전이 효과적이기 위해선 수퍼바이저의 개입이 수련자의 참여와 발달 과정을 촉진할 필요가 있다. 따라서 수퍼비전에서 변화의 초점은 수련자의 처리 과정이다. 성공적인 수퍼비전은 수퍼바이저가 수련자의 학습을 촉진할 수 있느냐에 달려 있다. 수련자의 처리 과정은 수련자가 새로운 역량을 획득하도록 이끌어 주며 수련자의 임상적 기술을 강화한다. 새로운 역량은 새로운 지각적 개입이나 개념화 기술을 동반한다. 예를 들어, 수련자는 내담자의 목소리 질이 어떻게 변하는지를 감각적으로 들음으로써 내담자가 더욱 고통스러운 경험 안으로 들어가고 있음을 알 수 있다. 이것에는 수련자가 내담자 목소리의 다양한 패턴을 음향적, 개념적으로 식별하는 것이 포함된다. 즉, 수련자는 내담자가 신체적으로 느껴지는 감각에 초점을 맞추도록 하는 방법에 관한 기술을 습득함으로써, 내담자가 자신의 체험을 심화하도록 돕는 새로운 방법을 배우게 된다. 수련자는 또한 내담자가 종종 자신에 대한 비난을 타인에게 돌리고, 타인이 하는 투사를 자신에게 되돌리는 방식을 더 잘 이해하게도 된다. 이러한 이해는 두 의자 대화를 사용하거나 수퍼바이저가 내담자가 그렇게 하고 있음을 알림으로써 촉진된다. 하지만 수퍼비전에서 일어나는 이러한 복잡한 인지적, 정동적, 행동적 과정들이 수련자의 존재방식, 인식방식, 행동방식의 변화를 어떻게 이끄는지는 아직 명확히 조사되거나 구체화되지 않고 있다.

해결

끝으로, 해결이란 성공적인 결과물 또는 수퍼비전 과제의 성취를 말하는 것으로, 이것은 수퍼비전 회기(즉, 사안) 중에 점진적으로 형성되거나 회기 끝에 발생하는 것이다. 수퍼비전 사안의 해결은 (a) 수련자와 수퍼바이저 양자의 적극적이고 생산적인 참여로 증진된 수퍼비전 동맹 또는 (b) 향상된 대인관계 기술(예: 좀 더 현존하고, 공감하며, 따뜻하고 긍정적인 존중과 일치성) 또는 증진된 기법과 기술(예: 새로운 개입 기술을 사용할 수 있기, 내담자의 핵심 정서를 이해하기)의 형태를 취할 수 있다.

성공적인 수퍼비전 회기들은 새로운 이해와 지각, 이해, 태도 및 기술의 통합 그리고 실행 계획 등을 통해 드러난다. 수련자는 다음 영역 중 하나에서 새로운 기술을 발달, 개선, 실행한다: 치료적 동맹(수련자가 치료적 관계에 더욱 적극적이고 생산적으로 참여할 수 있게 된다), 지각 기술(수련자가 내담자의 수행과 경험을 새로운 방식으로 보게 된다), 사례 공식화(수련자가 내담자의 삶의 주제와 작동 모델을 통찰력 있게 이해하게 된다), 개입 기술(수련자는 새로운 개입을 더욱 시기적절하고, 유창하며, 창의적인 방식으로 사용할 수 있게 된다), 또는 개인화(수련자는 성장에 대한 격려와 고무감을 느낀다). 예를 들어, 수퍼비전에서의 해결은 수련자가 내담자의 우울 증상 전반에 대해 체험적으로 새롭게 이해하고, 절망감과 슬픔이라는 이차적 정서가 어떻게 저변의 분노를 포장하고 있는지를 알게 되며, 핵심 분노의 적응적 측면에 대한 새로운 관점을 갖는 형태를 띤다. 해결 또는 해결을 향한 진전은 수련자와 수퍼바이저 모두에게 어떤 안도감과 만족감으로 경험되며, 내담자와 함께 내담자를 위해 계속 작업하려는 새로운 열정으로 나타난다. 해결은 어떤 주어진 수퍼비전 회기 동안 성취되지 않고 이후의 수퍼비전 단계(즉, 이후의 회기들)에서 충족될 수도 있다. 덜 성공적인 수퍼비전 회기란 해결이 되지 않거나 해결을 향한 진전이 없는 것이다. 미해결된 수퍼비전 과제는 다음 수퍼비전 회기에서 다시 나타날 수 있는데, 만약 미해결된 과제가 계속될 경우 수퍼비전 동맹의 균열이 발생할 위험이 있다. 이런 경우, 공동의 목표와 기대가 개방적이고 진솔하게 논의되어야 하고, 과제는 어려움에 대한 새로운 이해를 위해 재조직화되고 조정되어야 한다.

3장 수퍼비전의 과정

워싱턴에 필요한 것은 어른의 수퍼비전이다.

—Barack Obama

수퍼비전은 살아있는 어떤 전문 직업이 숨쉬고 배우는 장일 수 있다.

—Peter Hawkins & Robin Hawkins Shohet

수퍼비전 과정의 세 가지 핵심 영역은 (a) 수퍼비전 동맹, (b) 수련자의 대인관계 기술, (c) 수련자의 기술 역량이다. 이 장에서는 이 핵심 영역들을 차례로 다룰 것이다. 첫째, 우리는 수퍼바이저와 수련자 간에 좋은 수퍼비전 동맹을 발달시키는 데 초점을 둔다. 그리곤 동맹 형성, 현존, 핵심적인 치료적 조건들(무조건적 긍정적 존중, 진정성, 공감)과 관련된 수련자의 대인관계 기술을 수퍼비전하는 것으로 초점을 옮긴다. 공감적 반응을 촉진하고 내담자의 정동을 활성화하거나 치료에서 정동에 더 잘 조율하는 다양한 예시들이 제공된다. 셋째, 수퍼비전의 초점(수련자의 기술적 역량)은 사례 공식화와 개입 기술의 발달이다.

이 장은 어떤 한 내담자를 대상으로 수퍼비전 회기들의 진행 과정을 보여 주는 예시로 끝을 맺는데, 수퍼비전이 치료과정에 걸쳐 어떻게 진행되는지에 대한 전체적인 감을 제공하기 위한 것이다.

수퍼비전 동맹

수퍼바이저와 수련자 간의 동맹 형성은 수퍼비전의 초기 과제로 인식되고 이해될 수 있다. 우리가 수퍼비전 과정을 수퍼비전 동맹으로 시작하는 이유는 수퍼비전이 시작되거나 실패하는 지점이 동맹에 있기 때문이다. 정서중심치료(EFT)에서 치료와 수퍼비전 초기의 초점은 "계약 이전에 접촉(contact before contract)"을 먼저 형성하는 것이다(Gendlin & Beebe, 1968). 우리는 수퍼바이저가 수련자와 따뜻하고, 공감적이며, 타당화를 통한 유대를 형성할 필요가 있다고 굳게 믿는다. 이를 위해 수퍼바이저는 그 순간에 현존하고 수련자의 감정과 욕구에 민감해야 한다. 이를 바탕으로 수퍼비전의 목표와 과제에 대한 협력이 형성되는 것이다.

Bordin(1983)에 따르면, 수퍼비전 동맹은 세 가지 요소로 구성되는데 (a) 강한 정서적 유대, (b) 수퍼비전 목적에 대한 동의(예: 특정한 치료 기술을 통달하기, 개념화 능력을 확장하기), (c) 수퍼비전 과제의 적절성에 대한 인식(예: 어떤 문제의 해결을 위해 교훈적으로 가르치는 것보다 공감적 탐색과 역할극 사용하기)이다. 동맹이란 개념은 관계에서의 따뜻함과 애착, 즉 유대와 협력을 조화롭게 결합하는데, 수퍼바이저와 수련자는 이러한 동맹 속에서 수퍼비전에서 실행할 과제와 작업에 초점을 맞춘다.

수퍼비전 과정의 초기에 강한 작업동맹을 형성하는 것은 수퍼비전의 질과 결과에 중요하다. 이는 앞서 언급한 동맹의 중요성에 관한 연구 결과들 및 EFT의 핵심 원리와 맥락을 같이 하는데, 수퍼비전 작업동맹의 발달과 유지는 EFT 수퍼비전 모델의 핵심 기둥이다. 작업동맹은 수퍼비전의 과정이 발생하는 기초로, 이 기반 위에서 수퍼비전 표식의 식별, 촉진적인 과제 환경의 제공, 수련자의 변화 과정 및 수퍼비전에서 제기된 문제의 해결이 이루어진다.

수퍼비전 동맹은 공동으로 구축되지만, 수퍼바이저의 전문성과 역할을 고려할 때 수퍼비전의 발전과 유지를 촉진하는 일차적인 책임은 수퍼바이저에게 있다. 수퍼비전에서 작업동맹의 형성은 치료적 동맹의 발달에서와 같이 일련의 개인적, 전문가적 요인들에 의해 영향을 받는다. 예를 들어, Falender와 Shfranske(2004)는 높이 평가되는 수퍼바이저의 자질에는 공감, 판단하지 않는 태도, 인정이나 지지의 전달, 수용적인 태도, 탐색과 실험에 대한 격려 제공, 진실성, 자율성의 제공, 이해심이 포함된다고 하였다. 덧붙여, 현존, 진정성, 따뜻함, 공감과 정서적 관여 능력과 같은 개인적인 자질이 유대의 형성을 돕는다(Geller & Greenberg, 2011). 강한 수퍼비전 동맹은 수련자의 공감적 탐색 기술의 발달을 돕는 데도 필요하다. 왜냐하면, 동맹은 수련자에게 안전한 기지를 제공할 뿐 아니라 수퍼바이저가 대안적이고 더욱 공감적인 반응 방식을 제안할 수 있는 안정된 기반을 제공하기 때문이다. 좋은 동맹은 수련자에게 피드백에 더욱 열려 있게 하고 건설적인 비판을 덜 위협적이고 수치스럽게 느끼게 한다.

조력 관계의 또 다른 중요한 측면은 치료의 목표와 과제에 관한 협력을 통해 동맹을 형성하는 것이다. 이것은 수퍼바이저와 수련자가 문제를 함께 극복하는 경험을 증진시킨다. 목표와 과제에 대한 동의는 내담자에 대한 이해와 무엇이 내담자에게 도움이 될지에 대한 이해에 달려 있는데, 여기에는 공감의 실천이 필요하다. EFT에서 목표에 관한 동의가 이루어지기 위해서는, 내담자가 고군분투해 온 만성적인 고통을 파악하는 것과 함께 행동의 변화를 목적으로 설정하기보다는 만성적인 고통의 해결을 위해 작업하는 것에 대한 동의가 필요하다. 수퍼바이저는 수련자가 주요 목표에 대한 합의에 도달하도록 안내한다.

대인관계 기술 수퍼비전

수련자는 내담자와 강한 치료적 동맹을 형성하고 유지하기(관계의 기술) 위해 또 현존하고 공감하기(존재의 기술) 위해 대인관계 기술을 개발할 필요가 있다. 여기서 존재의 기술이란 순간에 머무르면서 정동에 공감적으로 조율하고, 내담자와 공감적으로 소통하면서 민감하게 반응하는 것이다. 대인관계 기술은 내담자가 자신과 자신의 삶을 탐색하고 치료자와 협력해 목표와 과제를 설정하여 자신의 문제를 극복할 수 있도록 따뜻하고 타당화하는 분위기를 만들도록 돕는다. 많은 수련자에게 지각 기술이 필요한 이유가 여기에 있다. 지각 기술은 민감한 반응과 정동 조율의 기반이 되는 한편, 치료적 현존은 지금 여기에서 일어나고 있는 것을 지각하기 위한 필요조건이다.

치료적 현존

수퍼비전의 가장 근본 과제 중의 하나는 치료자의 현존과 공감, 무조건적 긍정적 존중, 진정성이란 핵심 조건들의 사용을 강화하는 것이다. Geller와 Greenberg(2011)는 치료자의 현존을 치료자의 조율과 민감한 반응의 전제 조건으로 보았다. 왜냐하면, 치료자의 현존은 내담자를 특별한 방식으로 느끼고, 보고, 경청하게 함으로써 내담자의 현 순간에 조율하는 반응을 증진하기 때문이다. 이런 형태의 민감한 반응을 증진하기 위해 수퍼바이저는 수련자가 회기에서 비언어적으로 무엇이 일어나고 있는지 알고 반응하도록 계속 돕는다.

치료적 현존은 치료자가 자신의 전체를 내담자와의 만남에 가져와서 다면적 차원, 즉 신체적, 정서적, 인지적, 영적 차원에서 완전히 그 순간에 있는 것으로 정의된다. 치료적 현존은 판단이나 기대 없이 현 순간에 충분히 몰입해 내담자와 함께 내담자를 위해 존재하는 것이다. 이것은 치료자가 존재하는 특별한 방식이다.

전문가 발달의 초기 단계에서 초보 치료자는 먼저 내담자가 매 순간 경험하는 과정을 관찰하고 경청함으로써 현존하도록 격려된다. 수퍼비전을 통해 수련자들은 내담자가 자신의 경험을 명료화, 상징화, 숙고하며, 새로운 방식으로 이해하도록 돕는 방법을 계속 배운다. EFT 수퍼비전은 수련자가 높은 수준의 공감적 조율을 발달시키는 것을 목적으로 한다. 좋은 EFT 치료자는 현재의 치료적 관계는 물론 내담자의 서사적 진술 속에 담겨 있는 모든 뉘앙스와 암묵적 의미들에 민감하게 조율된다. 충분히 민감하게 반응하기 위해 치료자는 회기에서 주의 깊게 경청하고, 명확히 인식할 뿐 아니라, 내담자의 삶의 이야기에 대한 설명, 당면한 걱정거리 및 정보 처리 스타일에 공명하는 것을 배울 필요가 있다. 이를 통해 치료자는 내담자와의 대화에 적극적으로 관여하고 정서와 이성, 과거와 현재, 욕구, 가치관 같은 다양한 측면들을 융합할 수 있다.

핵심 조건: 공감, 무조건적 존중, 진정성

EFT 수퍼비전의 일차적 목적은 수련자가 공감적 탐색 작업에 생산적으로 관여할 수 있는 지점에 도달할 수 있도록 하는 것이다. 이를 위해서는 수련자가 내담자의 경험에 주의를 기울이고 내담자가 느끼는 감정과 의미하는 바를 상징화할 수 있어야 한다. 치료자는 현존하고 공감하는 것으로 시작할 필요가 있는데, 이를 통해 내담자는 자신의 내면에 초점을 맞추고 체험을 심화하게 된다. 치료자는 다양한 종류의 공감을 사용함으로써 내담자가 자신의 정서에 접촉하고 상징화할 수 있도록 조력할 필요가 있다(Elliott, Watson, Goldman, & Greenberg, 2004; Greenberg & Elliott, 1997). 다양한 공감에는 공감적 이해, 공감적 확인과 다른 유형의 탐색적 공감들, 예를 들면 감정을 불러일으키는 환기적 반응, 탐색적 반응, 공감적 추측이 있다(Greenberg & Elliott, 1997).

공감적 이해는 가장 기본적인 과제로 치료자가 내담자의 경험을 이해하고 있음을 전달하고 또 이해한 것을 내담자와 점검하는 것이다. 수퍼비전에서 치료 동영상을 보면서 수퍼바이저는 수련자에게 공감적 이해 반응은 내담자가 소통하려는 핵심을 뽑아내어 전하려는 시도이지, 탐색을 압박하거나 내담자의 각성을 증진하려는 것이 아님을 반복해서 알려준다. 이 반응들은 내담자의 서사적 이야기를 따라가고, 내담자의 경험에 현존하며 민감하게 반응하고, 이해한 바를 소통하는 것이다.

수퍼비전에서 공감 훈련과 관련된 두 번째 과제는 **공감적 탐색** 기술을 가르치는 것이다. 공감적 탐색은 EFT 수퍼비전에서 가장 근본적인 공감적 개입으로, 내담자가 경험하는 어떤 핵심 부분에 초점을 맞추는 반응이자 암묵적인 것을 명시적으로 만드는 시도이다. 내담자가 전하는 언어적, 비언어적 이야기 속의 가장 고통스러운 것에 매 순간 민감하게 주의를 기울이면서 치료자가 전하는 언어적인 공감적 탐색은 내담자의 경험을 내담자가 기술하는 것보다 훨씬 풍부하게 포착하게 한다. 이것은 내담자가 이전의 암묵적이고 명확히 정리되지 않은 경험을 의식 속에서 자각하도록 돕는다. 수련자는 EFT 수퍼비전을 통해 치료가 내담자의 진술에서 가장 생생한 것에 초점을 맞추면서 반응을 끝낼 때, 내담자의 관심이 자신이 하는 경험에 초점이 맞추어지게 된다는 것을 배운다. 이러한 작업을 통해 내담자는 자신의 경험하는 어떤 핵심 부분에 초점을 맞추면서 식별하게 된다.

EFT 수퍼비전의 예시는 **정서중심치료 수퍼비전** DVD에서 잘 드러나는데, 이 DVD에는 수퍼바이저와 수련자가 수련자의 어떤 내담자와의 치료 회기 영상을 보는 것이 담겨 있다. 수퍼바이저는 내담자가 엄마에 관해 이야기할 때, 수련자가 내담자가 경험하는 가장 큰 상처에 초점을 맞추는 것의 중요성을 강조한다. 다음에 제시되는 축어록에서 치료자는 내담자에게 엄마가 빈 의자에 앉아 있는 것을 상상하게 한다.

치료자(동영상): 엄마를 좀 느낄 수 있다면, 엄마를 보면서 어떤 느낌이 드나요? 무엇이 일어나는지요?

내담자(동영상): 슬픔이 느껴져요. 하지만 그 슬픔은 아니… 엄마에 대한 슬픔이에요. 엄마에 대해 슬퍼요. 왜냐하면, 이것은 저 자신의 감정에 대한 슬픔이나 수치심, 죄책감이 아니라는 것을 알기 때문이에요. 당신을 사랑했던 것 같지만 그것을 표현하기가 아주 힘들었어요. 왜냐하면, 당신에 대한 사랑에 확신이 없었고 당신에 대해 오싹한 어떤 것이 좀 있었기 때문이에요.

수퍼바이저: 아주 흥미롭네요. 왜냐하면, 내담자는 자신보다 더 이성적인 사람에 대한 자신의 여러 감정을 말로 표현하고 있기 때문이에요. 내담자가 처음에 "나는 당신을 사랑해요."라고 말했을 때, 그 말을 크게 하도록, 즉 "다시 한번 말해 보세요."라고 하는 것이 도움이 되었겠다고 생각했어요. 그런데 지금 내담자는 매우 강한 표현인 "오싹한"이라는 단어를 사용하기에 그 말을 숙고하고 탐색하는 것이 좋을 것 같네요.

여기서 수퍼바이저의 피드백은 내담자의 표현 속에 있는 어떤 중요한 감정 부분을 강조하고 있다. 수퍼비전 시에 수퍼바이저는 수련자가 내담자의 진술에 담긴 가장 괴로운 것에 관한 자신의 이해를 전달하고 수련자가 그것을 숙고하도록 도움으로써 내담자가 자신이 경험하는 괴로운 것에 대해 주의를 내적으로 돌리게 한다.

덧붙여, 수퍼바이저는 수련자가 때로 공감적 추측을 사용하도록 격려하는데, 공감적 추측은 내담자가 느끼고 있는 것을 짐작 또는 추측하거나 내담자가 시도할 문구를 제안하는 것을 포함한다. 이것은 치료자의 참고체계에서 나오는 것으로 내담자의 참고체계에 머무르는 탐색적 반응과 다르다. 예를 들어, 수퍼바이저는 치료자에게 "선생님이 그런 감정을 느낄지도 모르겠네요." 또는 "제 짐작은…"과 같은 공감적 추측을 사용하도록 격려할 수도 있다. 주지화하는 내담자가 자신의 감정에 머물도록 격려하는 것은 특히 도움이 된다.

또 다른 예에서 치료자는 여성 내담자와 작업하면서 내담자가 인정하는 추측을 제공한다.

치료자(동영상): 우리는 함께하고 있어요. 저는 여기 있고 이것은 선생님에게 유일한 기회일 수 있는데, 자신이 이 기회를 포기할까 봐 두려워하는 것 같은 어떤 감정이 혹시 있나요?

내담자(동영상): 네, 정말 두려움을 느껴요.

치료자(동영상): 정말 그런 느낌이 있군요. 만약 선생님이 이 기회를 포기하면 어떤 선택권을 내려놓게 되는 것이네요.

수퍼바이저: 아주 좋은 공감적 추측이네요. 내담자가 그것을 말하지 않았지만, 선생님은 내면에서 그것을 느끼고 핵심 감정인 "나는 두려워요."를 전달하네요.

또 다른 예로, 내담자는 의자 작업에서 자신의 엄마와 대화 중인데, 내담자에 대한 엄마의 메시지는 내담자가 아주 착한 남자아이가 되기를 원한다는 명확한 표현이다.

치료자(동영상): 엄마로부터 착한 남자아이가 되기를 원한다는 말을 들을 때, 무엇이 선생님에게 일어나는지요?

내담자(동영상): 음… 내가 그 말을 들었다면 흥미로울 것 같아요.

수퍼바이저: 좋아요. 내담자가 손가락을 톡톡 두드리고 있네요. 좋아요. 그러니까, 말하자면 이 과정은 "위험하다"네요. 그런데 "흥미롭네요"라고 말하네요. 내면에서 실제로 무엇이 일어나고 있는지 살펴보면 좋겠네요.

수련자: 손가락을 톡톡 두드리는 것은 어떤 의미일까요?

수퍼바이저: 음, 내담자가 동요되고 자극되고 있음을 보여 주는 것 같네요. 톡톡 두드리는 것을 보고 있는데, 이것은 마치 '넌 무엇을 느끼고 있니?' 같아요. 동영상으로 돌아가서 다시 한번 봅시다.

치료자(동영상): 선생님이 사실 좀 슬프게 보이네요.

내담자(동영상): 음.

수퍼바이저: 정동에 주목해서 그쪽으로 가는 것이 좋네요. 중요한 부분이에요. 선생님은 추측이나 관찰을 사용하고 있네요? 그것이 내담자에게 자신의 주의를 내면으로 향하게 할 겁니다.

내담자(동영상): 글쎄요, 좀 슬픈 것 같아요. 엄마의 그런 기대와 제약이 나의 존재와 가능성을 위축시켰다고 생각되어서 그런 것 같아요.

치료자(동영상): 그 느낌에 머물러 보세요.

수퍼바이저: 그래요. 아주 좋네요. 내담자가 주저하면서 내적 작업을 하고 있네요. 목소리가 더욱 집중되면서 내면으로 향

하고 있고요. 내담자가 갑자기 뛰어나와 설명으로 들어갈까 걱정했는데, 상담자가 느낌으로 내담자를 붙잡아 주네요. 그것이 내담자를 내면에 머물게 하려고 할 때 우리가 하려는 것이에요. 내담자가 위축되면서 기대나 제약에 관해 무엇을 말하네요. 이것이 바로 느끼진 의미(felt meaning)로 내담자 정말 느꼈던 것에 집중하고 있네요. 동영상에서 무엇이 일어나는지 봅시다.

치료자(동영상): 몸의 그 느낌에 머무세요. 지금의 그 느낌에 머무세요. 실망하지 말고, 수치스러워하지 말고, 그 협소한 제약 속에 머무세요….

수퍼바이저: 내담자가 크게 숨을 쉬네요.

치료자(동영상): 몸의 어느 부위에서 그것을 느끼나요? 느낌의 질은 어떤가요?

내담자(동영상): 음, 바로 여기가 제가 그것을 느끼는 지점 같아요.

수퍼바이저: 좋네요. 내담자가 명치를 가리키네요.

내담자(동영상): 아마도 무엇인가 결핍된… 느낌인 것 같아요. 가질 수도 없었겠지만 가지지 못했어요. 대부분 혼자서 또는 다른 사람과의 접촉을 통해 어떤 것을 찾으려고 정말 고군분투했던 것 같아요….

수퍼바이저: 그래요. 여기가 중요한 지점 같네요. "나는 결핍감을 느낀다."가 핵심 정서인 것 같아요. 내담자가 사용하는 언어인 "하지만 제 생각에"에서 알 수 있듯이, 내담자는 느낌에서 벗어나서 의미를 기술하는 이야기로 들어가고 있어요. 이때 말을 살짝 중단시키면서 "하지만 단지 결핍된"이

> 라고 말하며 안내할 수도 있을 것 같아요. 여기에서 지적인 처리가 많은 사람의 경우, 공감적 추측이 도움이 될 수 있을 것 같아요. "단지 결핍된"이라고 말하면서 선생님이 아는 내담자의 내면으로 들어가 내담자가 느끼고 있음이 틀림없는 것을 추측하거나 짐작하는 것이지요. 예를 들어, "결핍된 느낌과 함께 표현할 필요가 있고 표현하기를 원했던 많은 것들이 있네요. 하지만 감정이 너무 촉발될까 봐 잘라버리거나 들어가지 않는…"이라고 말하면서요. 내담자의 내적 경험을 자세히 설명하는 것은 내담자가 주의를 안으로 되돌릴 수 있도록 돕지요. 잘하고 계신데, 조금 더 가까이 다가가는 것이지요.

수퍼바이저는 수련자에게 공감적 탐색은 공감적 이해와 균형을 맞추면서 제공될 필요가 있다는 점을 알려주어야 한다. 왜냐하면, 공감적 이해는 이해받는 느낌과 함께 안전감, 수용감, 타당화의 틀을 제공해 주기 때문이다. 전체적으로 볼 때, 수퍼바이저는 수련자에게 공감적 반응을 통해 내담자의 내면에서 자연스럽게 올라오거나 내담자의 경험 속에 암묵적으로 존재하는 성장 지향적 잠재력에 초점을 맞추도록 안내한다. 그리고 내담자의 근접발달영역에 머물면서 내담자의 손이 닿을 수 있는 실현 가능성에 초점을 맞추도록 안내한다. 이것이 의미하는 것은 치료자는 내담자보다 너무 멀리 앞서가거나 너무 뒤처질 수 없다는 것이다. 공감적 반응은 한 걸음까지만 앞서는 것으로, 내담자와 충분히 가까이 서서 내담자가 고통스러운 상태에서 빠져나올 수 있는 발판을 제공하는 것이다. 하지만 두 걸음 앞서는 것은 내담자의 경험에서 너무 멀리 있는 것으로 너무 서둘러 앞서가는 것은 내담자에게 힘들 수 있다. 반면, 내담자보다 뒤처지는 것은 방해가 될 가능성이 있다.

다양한 형태의 공감에 덧붙여 긍정적 존중과 진정성은 EFT 수퍼비전 중에 다루어지고 검토되어야 할 중요한 관계적 요소들이다. 수련자는 회기 테이프를 점검하며 그 방법을 논의하고 모범적인 반응을 연습함으로써 일관되게 수용적이고 진솔한 방향으로 안내받는다. 궁극적인 목표는 치료자는 내담자가 경험하는 모든 것을 수용하고 있고, 내담자를 소중히 여기고 판단하지 않으며, 내담자를 있는 그대로 수용하는 태도를 소통하는 것이다. 수련자는 내담자와 치료자 간의 진솔한 관계와 그러한 관계의 지속은 내담자에게 어떤 교정적 정서 경험을 제공한다는 것을 회기에서 발생하는 관련 사안들을 경청하고 토론하는 과정을 통해 배운다. 진정성은 발생할 수 있는 관계 문제를 다룸에 있어 핵심이다.

사례 공식화 수퍼비전

치료자가 내담자와 안전하고 신뢰하는 치료적 관계를 형성하고, 내담자는 정서와 관련된 정보를 편안하게 개방하게 되면, 치료적 관계는 공고화되고 내담자의 이야기는 드러나기 시작한다. 수퍼바이저는 수련자에게 내담자가 어떻게 정서를 처리하고 의미를 창조하며, 내담자의 정서 처리 스타일이 어떻게 내담자 자신의 내적 경험을 증진 또는 방해하는지를 듣는 데 초점을 두도록 안내한다. EFT

공식화는 무엇보다 가장 우선적으로 **내담자의 정서적 고통**에 초점을 둔다(Goldman & Greenberg, 2015). 내담자의 특정한 고통의 표현과 치료자의 반응에 대한 내담자의 반응이 치료적 개입을 안내한다. 사례 공식화 과정의 수퍼비전을 통해, EFT 수퍼바이저는 수련자가 내담자의 정서적 고통을 따라가는 데 주의의 초점을 두도록 안내한다. 한 여성 내담자가 관계 문제를 언급하는 다음 사례에서 수퍼바이저는 수련자에게 도움이 되는 조언을 제공한다.

수퍼바이저: 저의 직관은 만약 우리가 내담자가 보이는 아주 고통스러운 슬픔을 따라가면 그 슬픔이 핵심적인 어려움으로 우리를 이끌고 간다는 겁니다. 왜냐하면, 아는 바와 같이 사례 공식화는 "고통의 나침반을 따라가라."라고 하기 때문이에요. 내담자의 고통은 나침반과 같아서 그것이 선생님을 어떤 핵심으로 안내해요. 그것이 바로 선생님이 그 과정을 따라가야 하는 이유예요. 내담자의 고통을 따라가서 그곳에 도착할 때까지는 핵심적인 어려움이 무엇인지 말할 수 없어요.

수련자는 **정서에 기반한 핵심적인 자기 조직화**에 대한 감을 잡도록 격려받는다. 이 자기 조직화는 고통스럽고, 일차적이며, 부적응적인 정서 도식에 기반하며, 내담자에게 가장 안정적이고 지속적으로 문제가 되는 자기 상태에 대한 이해를 제공한다. 이러한 이해는 내담자의 고통을 따라감으로써 발달한다. 내담자가 외롭게 내버려진 감정이 동반된 혼자 있지 못하는 불안 때문에 근본적인 불안정감을 느끼고 있는가? 아니면, 버려짐에 대한 두려움을 동반하는 핵심적인 슬픔을 경험하고 있는가? 아니면, 근원적 수치심이나 앞서 언급한 것들의 어떤 특이한 조합에 의해 부적절감과 무력감을 느끼는가? 이러한 자기 조직화와 정서들의 식별은 가설적인 저변의 원인에 대한 해석이나 추론에 기반하는 것이 아니라 내담자의 현상학적 체험에 기반한다. 정동에 대한 공감적 조율은 내담자가 안전하고 인정받는 느낌을 갖도록 도우면서도, 내담자와 치료자를 내담자의 핵심적인 저변의 고통으로 안내해 준다. 내담자가 핵심적인 수치심, 불안한 불안정감, 슬픈 고독감, 또는 이러한 정서들의 조합을 경험함을 이해하는 것은 정보의 조직화와 치료적 처치의 안내에 도움이 된다.

이것은 또한 이들 핵심 감정들이 내담자의 경험, 행동, 사고 및 타인과의 관계와 연결되어 있으며 또 이들에 영향을 미치는 방식들에 대해 명확히 설명하는 데도 도움이 된다. 이러한 명료화는 내담자와 치료자, 수퍼바이저와 수련자가 공동으로 하는 작업이다. EFT 수퍼비전에서 수련자는 내담자의 고통을 따라감과 아울러, 핵심적인 고통스러운 자기 조직화와 정서가 내담자의 증상이나 행동과 어떻게 관련되는지를 공식화하는 것을 배운다. 예를 들어, 이 도서의 동반 학습 자료인 **정서중심치료 수퍼비전** DVD에서 수퍼바이저는 "내담자의 핵심 정서 도식 또는 핵심적인 상처는 무엇인가?"라는 질문을 제기한다. 그리고 수련자와 수퍼바이저는 이 질문에 대해 협력적으로 논의하면서, 내담자가 "제가 있는 그대로의 저였다면, 수용되지 않았을 거예요."라는 말에 도달하게 한다. 이것은 수용될 수 없다는 핵심적인 수치심에 기반한 자기 조직화로 보이는데, 이 자기 조직화는 치료과정이 진전됨에 따라서 치료자를 귀 기울이게 하고 안내한다. 고통을 따라가는 것에 더불어 초점을 두어야 할 점은 개입하기 위한 표식을 식별해서 고통과 고통의 원천에 도달하는 것이다. 따라서 자기 비난 표식과 유의한 타자에 대한 미해결된 감정 표식이 드러날 때, 이들에 대한 작업은 핵심적인 부적응적 감정에 도달하도록 돕는다.

사례 공식화의 단계

사례 공식화의 두 가지 주요 단계와 이 단계들이 어떻게 수퍼비전에 적용되는지가 이 단락에서 요약적으로 제시된다. 수퍼바이저는 수련자가 각 단계의 하위 절차들에 참여하도록 안내한다.

1단계: 서사적 이야기를 펼치고 정서 처리 스타일을 관찰하기

이 단계는 첫 3회기 내에서 주로 일어나는데, 이 단계의 절차들은 다음과 같다:

1. 처음에 수퍼바이저는 수련자가 공감적으로 반응하도록 안내함으로써 내담자가 호소 문제들(증상적, 행동적, 관계적 어려움)을 설명하도록 촉진한다.
2. 수퍼바이저는 수련자가 내담자의 호소 문제에 담긴 괴로움과 고통스러운 경험에 주의를 기울이도록 도우면서 내담자의 비언어적, 언어적 메시지를 언급한다.
3. 수퍼바이저는 수련자가 내담자의 정서 처리 방식에 주목하고 관찰하도록 돕는다.

4. 수퍼바이저는 수련자가 내담자의 삶의 서사적 이야기(정체성, 애착과 관련된)를 펼치는 것을 촉진하도록 돕는다.

2단계: 내담자의 서사적 이야기를 충분히 이해하면서 내담자의 고통을 따라가기

이 단계에서는 핵심 정서를 식별하고 치료적 초점을 함께 창출하는 것으로 시작되는데, 이 단계의 절차들은 다음과 같다:

5. 수퍼바이저는 과제 작업을 위한 표식들이 회기에서 드러날 때, 수련자가 이들을 식별하고 각 표식에 적합한 특정 개입의 기회로 삼도록 조력한다.
6. 수퍼바이저는 수련자가 내담자 저변의 적응적 또는 부적응적 핵심 정서 도식을 식별하도록 조력한다.
7. 수퍼바이저는 수련자가 내담자의 정서에 내재된 욕구를 식별하도록 조력한다.
8. 수퍼바이저는 수련자가 내담자의 일차 정서를 모호하게 하는 이차 정서를 식별하도록 조력한다.
9. 수퍼바이저는 수련자에게 핵심 정서와 자기 조직화에 접촉하는 것을 막는 내담자의 방해물을 식별하도록 조력한다.
10. 수퍼바이저는 수련자에게 내담자가 자신을 대하는 방식, 타인을 대하는 방식, 타인이 내담자를 대하는 방식과 관련된 주제들을 내담자와 함께 구성하도록 조력한다. 이러한 주제들의 특성은 보통 개인 내적 또는 대인 관계적이다. 때로는 상실, 죽음, 경계선, 선택과 같은 실존적 주제들도 있다.

11. 수퍼바이저와 수련자는 내담자가 회기들에서 말해 온 것과 어떤 감정이 가장 핵심적 인지를 논의함으로써, 호소 문제들(관계와 행동의 어려움)이 핵심 정서 도식과 연결되는 서사적 이야기를 함께 구성한다.

이 과정들에서 드러나는 표식들에 대해 언제 개입할 것인지는 회기 수와 치료가 진척되어 온 과정에 달려 있다. 예를 들어, 정서 처리 스타일에 접촉하고 서사적 이야기가 드러나는 것은 치료 관계의 초기에 일어난다. 괴로움과 고통에 귀 기울이는 것은 초기뿐만 아니라 치료의 전 과정에서 일어나는 한편, 핵심 정서의 명명은 안전한 동맹이 형성된 후에야만 일어난다. 이 모든 것을 하나의 주제와 치료 계획의 근거로 통합하면서 치료의 초점을 형성하는 것은 단기 치료(12~20회기)의 경우 4회기 내에 이루어진다. 협력 관계를 강화하기 위해 치료의 근거와 초점이 필요할 때 서사적 이야기가 제공되는데, 이는 내담자가 치료적 근거와 초점에 관해 묻거나, 무엇이 일어나고 있는지 혼란스러워해서 명료화를 제공할 필요가 있기 때문이다. 따라서 사례 공식화는 치료적 관계 형성의 맥락에서 호소 문제들을 초기에 파악하는 것에서 핵심 정서와 자기 조직화를 식별하는 것으로 움직여간다.

개입 기술의 수퍼비전

개입 기술의 수퍼비전은 다음 사항들에 초점을 맞추는데, 변화 과정에 대한 이론적 이해의 발달, 섬세한 지각 기술의 발달, 치료적 과제의 점진적 구축이다. 치료가 진행되면서 수퍼바이저는 변화 과정에 대한 수련자의 이론적 이해에 초점을 맞춘다. 구체적인 치료적 개입법을 배우기 원하는 수련자들을 위한 수퍼비전의 기초는 수련자들에게 배경이 되는 도서들에 접근하는 방법과 치료적 개입 이론에 대한 이론적 이해를 수퍼바이저가 알려주는 것이다. EFT 수퍼바이저의 첫 번째 과제 중 하나는 수련자에게 개입 이론과 관련 연구를 소개하는 것이다.

하지만 개념적 지식을 갖는다는 것은 절차적 지식을 갖고 이것을 맥락을 고려하면서 사용할 수 있는 것과는 다르다. 무엇을 지적으로는 알지만 필요할 때 그것을 사용할 수 없는 지식은 무력한 지식이다(Greenberg & Safran, 1986). EFT 수퍼비전은 기본적으로 지적 이해를 위해 개념적 지식을 제공하는 것에 관심이 없다. 대신 절차적 배움과 앎을 촉진하고 개념적 지식을 숙지시켜 필요할 때 표현되게 함으로써 이론적으로 이해한 것을 활용할 수 있게 하는 것에 관심이 있다. 이 모든 것이 특정 내담자와의 특정 상황에 이론적 개입 모델을 적용하는 "방법에 대한 적극적인 지식"을 형성시킨다. EFT 관점에서 볼 때, 치료자는 내담자를 관찰하고, 경청하며, 공감적으로 반응함으로써 발전한다.

지각 기술은 특히 중요한데, 이것은 무엇이 일어나는지를 알고 그것을 해석해서 특정 종류의 개입을 위한 기회로 만드는 능력이다. 치료자는 내담자가 회기에서 실제로 경험하는 것에 접촉해 그것에 이름을 붙이고(상징화), 내담자와 동등한 입장에서 협력적으로 내담자의 경험에 대한 의미를 찾거나 이해함으로써 지각 기술들을 배운다. 이처럼 EFT 수퍼비전은 보고, 경청하고, 공감하는 기술들에 초점을 둔다. 지각 기술은 매 순간 변화하는 비언어적 표현들을 지각하고, 내담자가 사건을 경험하는 방식을 이해하며, 내담자의 미세한 처리 과정, 즉 회기에서 경험을 처리하는 다양한 방식들을 식별하는 것을 포함한다.

Goldman과 Greenberg(2015)는 수퍼바이저가 수련자의 지각 기술 개발을 안내하는 다수의 정서 처리 미세 과정들을 다음과 같이 설명하였다:

- 매 순간의 언어적(예: 내담자 말의 내용, 괴로움, 횡설수설에 내포된 뉘앙스를 "포착하기"; 내담자 말의 구체성, 명확성, 생생함을 평가하기), 비언어적(예: 주저함, 일관되지 않은 정동, 목소리 질, 각성 및/또는 체험의 수준, 고통) 과정 **미세 표식들**을 인식하기. 이 미세 표식들이 녹화된 치료 회기에서 일어날 때는 지목할 필요가 있다.
- **특징적인 스타일 표식들**, 즉 내담자가 종종 자신과 타인을 대하는 방식에 대한 신호들(이것은 내담자의 과거 애착 경험에 관한 정보에 접근함으로써 가능)에 조율하기. 내담자는 자기 비난적, 자기 보호적, 또는 자기 비하적인가? 내담자는 타인을 방임하는, 학대하는, 또는 지지적인 존재로 보는가?
- **주된 과제 표식들**은 문제가 되거나 괴로운 심리적 상태를 나타내는 표식들로, 이들은 특정 문제에 대한 내담자의 작업 준비도를 나타내거나 치료자에게 어떤 과제와 개입을 제안하도록 안내한다.

덧붙여, 수련자는 다양한 정서 유형들, 즉 (a) 일차적인 적응적, (b) 일차적인 부적응적, (c) 이차적인, (d) 도구적인 정서들을 식별하는 것을 배울 필요가 있다. 또한 수퍼바이저는 수련자가 내담자의 정서 처리 스타일을 관찰하도록 도울 필요가 있다. 이것은 내담자가 어떻게 정서를 처리하는지에 대한 매 순간의 판단 또는 과정 진단(Greenberg, 2010)으로 이루어진다. 내담자의 목소리 질, 정서의 각성 정도, 체험 수준, 특정 정서의 생산성도 관찰되어야 할 중요한 과정들이다.

내담자의 목소리 질

수퍼바이저는 수련자가 내담자의 목소리 질에 관한 매뉴얼에 정의된 목소리의 특징적 패턴에 기반해 네 가지 유형의 목소리 질을 구별하도록 도울 수 있는데, 이들 네 가지 유형은 화자의 에너지와 화자가 매 순간 주의를 기울이는 방식을 나타낸다(Rice & Kerr, 1986; Rice & Wagstaff, 1967). 수퍼바이저는 테이프에 담긴 목소리의 특징들, 즉 음정, 에너지 수준, 속도, 강조 지점을 지적한다. 네 가지 범주들(초점이 맞춰진, 정서적인, 외재적인, 제한된)은 각각 특정한 유형의 참여를 보여 준다. **초점이 맞춰진 목소리**는 내담자가 내적으로 방향을 틀어 경험을 추적하고 경험을 단어로 상징화하려는 목소리다. **외재적인 목소리**는 일정한 리듬이 있는 음조로 에너지가 외부로 향하면서, 사전에 연습해 연설하는 것 같은 특징을 지니며, 자발성이 결여된 목소리다. 표현력은 좋지만 "일방적으로 말하는" 특징을 지니며, 목소리의 내용은 새롭게 경험되고 있지 않는 것일 가능성이 높다. 제한된 목소리는 분명하지 않고 종종 불안정하고 날카롭게 나오며 목소리의 이면에 경계심이 있다. 이것은 감정이 억눌리고 있고 신뢰할 수 없음을 나타낸다. 정서적인 목소리는 내담자가 말할 때 정서가 목소리를 통해 흘러나오는 것을 보여 준다.

내담자의 체험 수준

수련자의 테이프를 경청하기 시작할 때부터 수퍼바이저는 체험 척도를 활용해 수련자에게 내담자가 체험하는 것의 깊이에 주의를 기울이게 한다. 체험 척도는 훈련된 EFT 치료자들에 의해 사용되는 연구 도구로 내담자와 마주 앉아서 체험 수준을 코딩하지는 않는다. 마주 앉아서 코딩하는 것은 현존하면서(Geller & Greenberg, 2011) 매 순간 공감적으로 조율하는 치료자의 능력을 방해한다. 하지만 치료자들은 종종 다른 사람의 치료 사례나 자신의 회기 테이프에 이 척도를 사용하는 연습을 통해 이 척도를 이해한다. 내담자가 이 척도에서 계속 낮은 수준일 때, 수퍼바이저는 수련자에게 이것을 알아차리고 공감적으로 더 깊은 탐색적 반영과 추측을 제공하게 해서 내담자가 초점을 안으로 두는지(즉, "마음이 정말 찢기는 느낌이에요.") 아니면 계속 밖으로 두는지(즉, "그가 집으로 오고 있었는지 몰랐어요.") 관찰하게 한다.

내담자가 표현한 정서적 각성

수퍼바이저는 정서 각성 척도(Warwar & Greenberg, 2000)를 사용해 수련자가 정서의 각성 정도를 이해하도록 도울 수 있다. 이 척도는 목소리와 신체를 통해 나타나는 내담자의 각성 정도와 표현을 억제하는 정도에 대한 평가에 기초해 내담자가 경험하는 정서의 질과 강도를 사정한다. 정서의 각성 정도를 사정할 때 수련자는 먼저 해당 정서가 일차적인지를 평가한 다음 그 정서의 전반적인 강도를 사정할 필요가 있다. 중간 수준의 각성은 목소리와 몸의 강도가 중간 정도이고 목소리에 정서가 담겨 있다. 일반적인 말투는 넘치는 정서로 인해 억양 패턴의 변화, 고르지 못한 말 속도, 음조의 변화 등으로 어느 정도 흐트러지지만, 각성 수준은 여전히 다소 억제되어 있을 수 있다. 높은 수준의 정서적 각성은 목소리와 몸에 강렬하고 충분히 담겨 있다. 말의 패턴은 과도한 정서로 인해 완전히 방해되며 각성이 통제되지 않고 지속하는 것 같다. "허물어질 것 같은" 특성이 보인다. 연구에 따르면 체험치료에서는 단지 높은 정서 각성보다 중간 수준의 정서 각성이 의미 만들기와 연합될 때 긍정적인 결과를 예측하였다(Missirlian, Toukmanian, Warwar, & Greenberg, 2005). 수련자는 내담자가 의미 있는 사건이나 주제를 얘기할 때에도 정서적 각성이 일어나지 않는 지점에 주의를 기울여야 한다. 왜냐하면, 신체적으로 느껴진 체험에 대한 탐색이 필요한 지점이기 때문이다.

내담자의 정서적 생산성

정서가 각성된 후에 실시할 필요가 있는 핵심적인 사정은 내담자가 정서를 생산적으로 처리하느냐의 여부다(Auszra & Greenberg, 2008; Auszra, Greenberg, & Herrmann, 2013). 이것은 체험 수준, 각성 정도, 목소리 질에 대한 사정을 통해 일정 부분 판단할 수도 있지만, 정서 표현의 특성에 대한 높은 수준의 판단도 필요하다. 체험되는 정서가 일차 정서라는 판단이 서면, 활성화된 일차 정서가 알아차림 속에서 접촉되면서 처리되고 있는지에 대한 판단이 이루어져야 한다. 이와 관련해 치료자는 일곱 가지 차원, 즉 주의 기울이기, 상징화, 일치성, 수용, 조절, 주체성(대 수동적 피해자) 및 분화(대 갇힘; 참고. Auszra et al., 2013)를 고려해야 한다. 수련자는 배움의 과정으로 혼자서 또는 집단으로 동영상을 능숙하게 코딩하는 방법을 배운다. 내담자들은 이 일곱 가지 차원의 어느 한 부분에서 어려움이 있을 수 있는데, 이것은 정서의 처리가 현재 생산적으로 되고 있는지와 함께 어떤 영역의 작업이 필요한지를 보여 준다. 일곱 가지 모든 차원이 충족될 때 정서가 생산적으로 처리되고 있다고 볼 수 있다.

치료 과제의 수퍼비전

EFT는 아주 다양한 표식과 치료 과제를 지니고 있는데(Elliott, Watson, Goldman, & Greenberg, 2004; Greenberg, 2010, 2015; Greenberg, Rice, & Elliott, 1993), 이들은 수퍼비전에서 교육, 테이프의 관찰, 실습을 통해 가르쳐진다. 연구를 통해 밝혀진 바에 따르면 내담자들은 문제가 되는 특정한 정서 처리 상태를 보인다. 이런 상태는 저변에 정서적 문제가 있음을 보여 주는 치료 회기의 진술과 행동으로 확인되며 특정 유형의 효과적인 개입의 기회를 제공한다(Greenberg et al., 1993; Greenberg, Elliott, & Lietaer, 1994; Rice &

Greenberg, 1984). 내담자가 보이는 표식은 사용할 개입의 종류뿐만 아니라 문제에 대한 내담자의 작업 준비도를 보여 준다. EFT 치료자들은 다양한 종류의 정서적인 처리 문제들과 관련된 표식들을 식별하고, 이 문제들을 다루는 데 가장 적합한 특정 방법으로 개입하도록 훈련받는다. 이러한 과제들은 Greenberg(2010, 2015)에 의해 집중적이고 포괄적으로 연구되어 왔고 이 과제들을 해결하는 구체적인 양상이 자세히 밝혀져 왔다. 따라서 변화의 실제 과정에 대한 모델들이 치료자의 개입을 안내하는 지도의 역할을 한다.

다음과 같은 주요 표식과 표식에 동반되는 개입방법이 확인되어 왔다(Greenberg et al., 1993):

- **문제가 되는 반응**은 특정 상황에 대한 정서적 또는 행동적 반응에 대해 어리둥절함을 통해 표현된다. 예를 들어, 내담자가 "치료받으러 오는 길에 축 늘어진 긴 귀를 가진 강아지를 보았는데 갑자기 엄청 슬펐어요. 이유를 모르겠어요."라고 말할 수 있다. 이러한 문제가 되는 반응은 **체계적으로 환기해 드러내기**의 과정을 시도할 기회를 제공한다. 이런 형태의 개입에는 어떤 상황과 반응의 재경험을 촉진하기 위해 그 경험을 뚜렷이 환기하는 것이 포함된다. 즉, 그 상황, 생각 및 정서적 반응의 관계를 설정하고 그 상황이 주는 암묵적 의미에 도달함으로써 그러한 반응을 이해하게 하는 것이다. 문제 해결은 자신의 기능에 대한 새로운 관점의 획득을 포함한다.
- **불분명하게 느껴진 감각**은 내담자가 표피적인 상태에 놓여 있는 것으로, 자신의 경험에 대해 혼란스러워하고 명확하게 이해할

수는 없는 느낌이다. 예를 들면, "그냥 어떤 느낌이 드는데, 이 느낌이 무엇인지 모르겠어요." 불분명하게 느껴진 감각은 초점 맞추기(focusing)를 필요로 하는데, 초점 맞추기는 치료자가 내담자에게 자신이 경험하는 신체적 측면들에 관심과 호기심을 갖고 접근함과 아울러, 그러한 신체적 측면들을 체험하고 신체적으로 느껴진 감각을 언어로 표현하도록 안내한다. 문제 해결은 신체 감각의 전환과 새로운 의미의 창출을 포함한다.

- **갈등 분열**은 자신의 한 측면이 다른 측면에 대해 비난하거나 강압하는 것이다. 예를 들어, 한 여성은 자매들의 눈에 실패한 사람으로 보이는 상황에서 절망감과 실패감을 느끼면서도 화가 났다. "저는 자매들보다 열등하다고 느껴요. 마치 제가 실패했고 자매들만큼 잘하지 못하는 것 같아요." 이러한 자기 비난적 분열은 두 의자 실연을 실행할 기회를 제공한다. 이 작업에서는 자기의 두 부분이 서로 생생하게 접촉하게 된다. 자기의 각 부분이 지닌 생각, 느낌, 욕구가 실제 대화에서 탐색되고 소통됨으로써 비난적 목소리가 부드러워지게 된다. 문제 해결은 두 측면의 통합이다.
- **자기 방해 분열**은 자기의 어떤 한 부분이 정서적 경험과 표현을 방해하거나 제한하는 것이다. "눈물이 올라오는 것을 느낄 수는 있는데, 눈물을 참고 삼켜요. 절대 울어선 안 돼요." 두 의자 실연에서 자신의 방해하는 부분이 명확해진다. 내담자는 자신이 어떻게 방해하는지를 자각하게 되고 방해하는 것을 신체적으로(목을 조르거나 목소리를 막기), 은유적으로(새장에 가두기), 언어적으로("닥쳐, 느끼지 마, 조용히 해, 넌 살아남을 수 없어") 실

연하도록 안내받는다. 그 결과 내담자는 자신이 차단하는 과정의 주체임을 체험하게 되면서, 방해하는 자신에게 반응하고 도전할 수 있다. 문제 해결은 이전에 방해된 경험을 표현하는 것이다.

- **미해결된 과제** 표식은 의미 있는 타자에 대해 지속되는 미해결 감정을 표현하는 것으로, 예를 들면, 아주 몰입해 다음과 같이 말하는 경우다. "아버지는 절대 저를 위해 존재하지 않았어요. 아버지를 절대 용서할 수 없어요. 내면 깊은 곳에서, 나는 아마도 내가 가질 수 없었고 또 절대 가질 수 없을 것 같은 것에 대해 슬퍼하고 있다고 생각하지 않아요." 의미 있는 타자에 대한 미해결된 과제는 **빈 의자 개입**을 요구한다. 빈 의자 실연을 사용해, 내담자는 의미 있는 타자에 대한 자기 내면의 관점을 활성화하고, 의미 있는 타자에 대한 정서적 반응을 체험하고 탐색하며, 그러한 반응의 의미를 이해하게 된다. 의미 있는 타자와 자신의 관점에 대해 전환이 일어난다. 문제 해결은 타자에게 책임지게 하고 타자를 이해하고 용서하는 것을 포함한다.
- 취약성은 **공감적 타당화**를 요구한다. **취약성**이란 자기가 허약하거나, 무력하거나, 깊은 수치감을 느끼거나, 안전하지 않은 상태이다. "남아 있는 것이 없는 것 같은 느낌이에요. 난 끝났어요. 나 자신에게 계속하라고 하는 것은 너무 버거운 일이에요." 내담자가 자신이 경험한 것에 대해 깊은 수치심이나 불안전함을 느낄 때, 내담자는 치료자로부터 공감적 조율을 필요로 한다. 이때 치료자는 내담자가 느끼는 것의 내용을 파악할 뿐만 아니라 내담자가 체험하는 것의 속도와 리듬, 톤을 반영하면서

내담자의 정동적 생동감에 주목해야 한다. 덧붙여, 치료자는 내담자의 경험을 타당화하고 정상화할 필요가 있다. 문제 해결은 자기감을 강화하는 것이다.

- 정서적 고통과 괴로움에는 **연민 어린 자기 진정**이 도움이 된다. 일반적으로 괴로움은 강력한 대인관계 욕구(예: 사랑이나 인정)가 타인에 의해 충족되지 않을 때 일어난다. 개입 방안은 상상을 통해 결핍과 불인정의 장면으로 다시 들어가, 이전에는 그 누구로부터도 제공되지 않았던 것에 관해 내담자가 자신에게 어떤 진정을 제공하는 것이다. 이 작업은 상상을 통해 내담자가 성인으로서 환기된 어떤 장면에 다시 들어가서 교정적인 반응이나 대화를 제공하도록 하는 것으로, 내담자는 이제 성인으로서 상처받은 어린 자기를 진정시킬 수 있을지 질문을 받는다. 이 작업의 목적은 자기에 대한 연민을 촉발하는 것이다. 자기 연민과 자기 공감은 공감적으로 조율하는 치료자와의 관계에서 이러한 특성들을 내면화함으로써 발달할 수 있다. 이러한 내면화는 몇 년이 소요될 수 있다. 따라서 내담자가 고통스러워하는 자기에게 성인으로서 연민을 제공하도록 제안함으로써 훨씬 빨리 촉진될 수 있다.

수퍼비전 동안에 동영상을 보면서 내담자의 표식이 식별된 후에, 수퍼바이저와 수련자는 확인된 표식에 가장 적절한 개입을 식별한다. 과제에 대한 수퍼비전에서는 수퍼바이저가 수련자에게 어떤 특정 과제나 과제의 단계, 또는 과제들을 능숙하게 결합하는 것과 관련된 어려움들을 잘 헤쳐갈 수 있도록 조력하는 것이 포함된다. 정

서중심치료 수퍼비전 DVD에 있는 한 예를 들면, 수퍼바이저는 수련자가 내담자에게 엄마의 역할을 실연하도록 안내하면서 수련자에게 다음과 같이 말하게 한다. "좋아요. 엄마가 되어 보시고, 엄마가 선생님에게 어떻게 엄마 자신이 애정을 갈구함을 느끼게 했는지요? 어떤 표정으로 그렇게 했나요?" 뒤이어 수퍼바이저는 내담자가 엄마의 역할을 실연하면서 "나는 네가 아주 착한 아이가 되기를 원했어." 라고 말할 때 내담자의 목소리가 어떻게 변했는지 알려 준다.

수퍼비전의 또 다른 예로, 수퍼바이저는 내담자가 두 의자 대화에서 사용하는 두 개의 목소리를 식별하고 분열 작업에서 이들의 기능을 명료히 한다.

> **수퍼바이저:** 좋습니다. 내 생각에 이 지점에서 두 의자의 구도를 유지하면서 두 의자 간에 접촉을 지속하는 것이 더 좋을 것 같아요. 지금 보면 의자 간의 접촉이 사라지고 토론이 되고 있어서 분열 작업을 계속할 힘을 잃어버린 것 같아요. 기본적으로 이 의자가 다른 의자에게 "희망이 없어. 그만해. 나가."라고 말하고 있어야 해요. 정서를 활성화하고 비난을 표현해서 다른 의자의 정서적 반응을 끌어내야 하는데, 그러기보다는 지금은 탐색을 더 많이 하면서 갈등의 여러 측면을 구별하고 있어요. 어떤 탈바꿈이 일어나는지 보기 위해선 갈등을 선명하게 할 필요가 있어요. 그렇지요?

수퍼바이저가 수련자에게 제안하는 것은, 수련자가 대화의 두 측면을 재설정하는 것과 함께 한쪽이 다른 쪽에 "관계를 끝내자."라고 말하게 해서 갈등을 선명하게 할 필요가 있다는 점이다.

수퍼비전 개입 진술의 예

다른 유형의 개입에 대한 수퍼비전의 예시를 발췌하면 다음과 같다. 수퍼바이저와 수련자 간의 상호작용이 길어서 어떤 발언은 요약되었다.

결정 갈등

내담자는 28세 여성으로 새 직장을 구할 것인지 현 직장에 다닐 것인지에 대한 결정 갈등의 분열에 관한 작업을 하고 있다. 수퍼바이저와 수련자는 수련자의 상담소에서 수련자가 한 치료 회기 동영상을 보고 있다. 내담자가 말한다, "만약 내가 새 직장을 구하려고 나가면, 어떻게 될지 몰라요. 반면, 현 직장에 있으면 행정과 현장 업무를 해야 해요. 생각해야 할 것은 각각 좋은 점과 나쁜 점이 있다는 것이에요. 복잡하네요." 여기서 치료자는 내담자에게 두 의자 대화를 하도록 초대하면서 내담자를 한쪽 의자에 앉게 하고 다른 의자에서는 무엇을 말할지에 대해 방향을 제시한다.

치료자(동영상): 그녀에게 한 측면에서는 좋고 다른 측면에서는 나쁘다고 말할 수 있나요? 그녀에게 이것은 "늘 복잡해."라고 말하세요.

수퍼바이저: 그래요. 좋아요. 분열이 있다는 것을 알기에 각 부분이 말할 것을 좀 더 구별할 필요가 있어요. 갈등이 있다고

지금 말했는데 두 목소리를 분명히 구별하고 두 목소리가 대화하도록 할 필요가 있어요. 무엇이 두 측면이고 두 목소리인가요?

수련자: 알겠습니다. 한쪽은 "가라"고 하고 다른 쪽은 "주저돼"라고 말하고 있어요.

내담자(동영상): 맞아요. 한편에선 영국으로 가면 정말 행복해질 수 있어. 하지만 시간이 흐르면서 생각보다 좋지 않을 수도 있어. 낮에 일이 너무 많아서 지쳐버리게 될 수도 있고. 이곳에서도 똑같아. 지금은 현 직업에 행복해하지만 몇 주 후에는 늘 똑같은 일이라 지치게 될 수도 있어.

수퍼바이저: 좋아요. 내담자가 두 목소리를 확인하고 경고하는 목소리에서부터 얘기를 시작하네요.

치료자(동영상): 항상 똑같아, "넌 지치게 될 거야." 안 그래?

내담자(동영상): 그래.

치료자(동영상): 그녀에게 말하세요.

수퍼바이저: 좋아요. 이 목소리를 지지하네요.

내담자(동영상): 그래, 네가 곧 지치게 된다는 것을 생각해야 해. 어떻게 될지 모르잖아. 어떤 일이 일어날 수도 있어. 앞일은 모르잖아.

치료자(동영상): 좋아요. 괜찮으면 의자를 바꾸세요. "너는 지치게 될 거야. 무슨 일이 일어날지 모르잖아?"라는 말을 들을 때 어떤 느낌이 드나요?

내담자(동영상): "나 좀 내버려 둬. 너 진짜 귀찮아."

치료자(동영상): 그녀에게 그 말을 하세요.

수퍼바이저: 좋아요. 그녀의 주장을 지지하는 것이 맞아요. 하지만 여기서 목표는 주장하는 것이 아니라 그녀의 고통스러운 정서인 불안정감을 끌어내는 것이에요. 그래서 "몸에서 무엇을 느끼나요?"라고 먼저 말하거나 묻는 것이 최선이에요.

내담자(동영상): 날 내버려 둬. 넌 진짜 성가셔.

치료자(동영상): 그 말을 할 때 무엇을 느끼나요?

내담자(동영상): 어떤 자유로움 같은 안도감.

치료자(동영상): 이쪽의 자신에게 이렇게 말하세요. "결정을 연기할 필요가 있어. 날 내버려 둬. 결정을 연기할 필요가 있어. 왜냐하면, 난 기분이 나아지고 싶어." 이렇게 그녀에게 표현할 수 있나요?

내담자(동영상): 그럼요. 하지만 그렇게 말하는 것은 좋지 않다는 생각이 들어요. 왜냐하면, (손가락을 탁 튕기며) 그렇게 말해야 하니까요.

수퍼바이저: 좋아요. 내담자가 전체적으로 연기를 하려는 과정으로 지금 전환하고 있어요. 그것도 괜찮아요. 하지만 두 측면을 다시 명확하게 할 필요가 있어요. 그게 보이나요? 여기선 내담자가 손가락을 탁 튕기는 부분이 되도록 의자를 바꾸는 것이 좋을 것 같아요. 그녀가 막 그렇게 말을 했기에 그 신호를 따르는 것이지요.

잠시 후 내담자는 압박감을 느끼는 의자의 입장에서 말하고 있다.

내담자(동영상): 좋아. J, 날 밀어붙이지 마. 하다 보면 내가 원하는 게 뭔지 알게 될 거야.

치료자(동영상): "날 내버려 둬."라고 말할 때 무엇을 느끼나요? 지금 무엇을 느끼나요?

내담자(동영상): 네, 안도감 같은 거예요. 다른 쪽 의자에서 너무 많은 압박이 있기 때문이에요. 날 내버려 둬. 너무 피곤해. 마치 일요일에 "뭘 하지, 뭘 하지, 뭘 하지"… 종일 뭘 할지를 생각하는 것 같아요. 날 좀 쉬게 해줘.

치료자(동영상): 지금 무엇을 느끼나요? (치료자는 내담자를 따라 손을 앞이마에 놓는다) "이 모든 압박들 때문에 지쳤어." 라고 하는 것 같네요.

수퍼바이저: 좋아요. 더 압박을 가하도록 하는 것이 더 좋을 수 있어요. 왜냐하면, "뭘 하지"라는 반복적인 말들이 아주 활기차기 때문이에요. 그리고 압박을 강화한 후에, 체험하는 의자로 돌아오게 하고 무엇을 느끼는지 다시 묻고요.

내담자(동영상): 그래, 난 신경 안 써, 정말 지쳤어.

치료자(동영상): 그녀에게 말하세요.

내담자(동영상): 나는 이 상황에 지쳤고, 너는 날 짓누르고 있는 것 같아. 나중에 생각해 볼게. 사람들이 답을 요구하며 "결정해"라고 하거나, 친구들이 "제게 토요일 계획에 대해 대답해 주기를 원해."라고 하는 것 같아요.

치료자(동영상): 자리를 바꾸세요. 여기는 압박하는 부분이고, 여기는 "난 결정하고 생각할 시간이 필요해. 날 짓누르지 마. 난 차분해지고 싶어."라고 말하는 Joanne이 있네요. 왜냐하면, 이쪽이 "결정을 연기하는 것은 좋은 생각이 아니야.

결정하는 것이 더 좋아. 난 네가 결정하기를 원해."라고 말하기 때문이네요.

수퍼바이저: 좋아요. "그녀를 압박하세요."라는 말을 추가로 할 수도 있어요.

미해결 과제

이 예시에 나오는 내담자는 24세 대학생이다. 12회기에 내담자는 아동기에 엄마가 그녀를 거부한 후에 그녀에게 아주 중요한 존재였던 이모와 삼촌에 관해 이야기하고 있다. 그런데 삼촌도 갑자기 그녀를 거부하면서 자기는 그녀를 절대 좋아한 적이 없고 그녀와 어떤 것도 하고 싶지 않았다고 말하였다. 치료자는 내담자에게 이모와의 두 의자 대화 작업을 권하였다.

치료자(동영상): 지금 이모를 보면서 무엇이 느껴지나요?

내담자(동영상): 이모를 정말 사랑해요.

치료자(동영상): 정말 사랑하네요.

내담자(동영상): 네.

치료자(동영상): 그리고, 슬퍼지네요.

수퍼바이저: 좋아요. 내용에서 정서적 과정으로 움직여가고 있네요.

치료자(동영상): 그래요.

치료자(동영상): 이모가 여기 있다고 상상해 보아요. 이모가 여기 이 의자에 있다면, 뭐라고 말하고 싶나요?

내담자(동영상): 지금과 같은 상황이 슬프다고 말하고 싶어요. 이 상황에 대해 정말 무력감이 들어요. 정말 무기력해져요. 공정하지 않아요. 부당하게 대우받고 있다고 느껴요.

내담자(동영상): 맞아요. 당신은 내 욕구가 당신의 욕구와 다름을 전혀 몰랐어요. 우린 아이들이었고 생존해 내어야만 하는 어려운 상황에 놓여 있었어요. 당신은 이걸 알지 못하는 것 같아요. 당신에게 편지를 쓰고 싶다는 생각을 해 왔어요. 하지만 시간도 없었고 서로 볼 수 있을 것 같지도 않았기에 편지를 쓸 필요성을 전혀 느끼지 못했어요. 우리는 아주 다른 세상에 살고 있어요.

치료자(동영상): 그래요. 이쪽으로 와서(내담자에게 의자를 옮기게 함) 당신의 마음 안에 있는 이모의 역할을 해 보세요.

내담자(동영상): 네.

치료자(동영상): 이 말을 들은 이모의 반응은 어떻습니까?

수퍼바이저: 좀 더 구체적인 개입이 필요한 지점이에요. 부정적인 타자의 역할은 훨씬 더 고통스러운 기억과 정서를 촉발하는 것임을 기억하세요. 선생님의 개방형 질문은 종종 이모의 방어적인 반응을 유발해요. 여기서 최고의 개입은 "이모가 되어, 그녀에게(다른 의자에 있는 내담자를 가리키며) 부당하게 대우받고 있다고 느끼게 하세요. 그녀를 부당하게 대우하세요!"

수련자: 부정적인 타자의 역할을 해야 하는 것을 알겠어요. 수련에서 그 말을 하신 것을 기억해요. 어렵네요.

수퍼바이저: 그래요. 이게 중요해요. 왜냐하면, 타자를 활용하는 목적은 느낌을 자극하는 것이기 때문이에요.

내담자(동영상): 저 자신에게 말하라는 말씀이세요?

치료자(동영상): 그래요.

내담자(동영상): 이모는 이렇게 말할 것 같아요. 넌 우리를 이해한 적도 없고, 네가 우리에게 준 것보다 훨씬 많은 시간이 필요했었다는 것을 이해한 적이 전혀 없어. 넌 너무 성급하고 고집스럽고 우리를 힘들게 했어. 결정을 내리고 실용적인 걸 하기 위해서는 우린 더 많은 구조화와 시간이 필요해.

수퍼바이저: 이모가 방어하는 것이 보이죠.

수련자: 이제 보여요.

치료자(동영상): 그래요. 그리고 이모가 빈 의자에서 당신을 아주 무시하는 느낌으로 말하네요.

내담자(동영상): 맞아요. 하지만 우린 서로 이해할 수 없어요.

치료자(동영상): 마치 우리는 너를 원하지 않아. 선생님을 거부하는 것 같네요.

내담자(동영상): 맞아요.

치료자(동영상): 마치 우린 네가 여기에 있는 것을 원하지 않아 같은?

수퍼바이저: 그래요. 이 두 의자 대화는 이 측면에서 시작하는 것이 가장 좋았을 것 같아요. 이 연습의 목적은 부정적인 타인이 부정적인 역할을 해서 고통스러운 기억을 촉발하는 것이에요.

내담자(동영상): 맞아, 너는 너무 다르고 이상한 것 같아.

치료자(동영상): 그 말이 정말… 정말 상처가 되네요.

수퍼바이저: 좋아요.

내담자(동영상): 정말 아파요.

치료자(동영상): 그 상처를 느낄 수 있네요.

내담자(동영상): 네, 인정받지 못하는 느낌이에요.

여기서 내담자는 부당하게 대우받는 것에 대해 더욱 강한 분노를 표현한다. 이 대화의 끝 장면을 다시 발췌한다.

치료자(동영상): 분노가 있네요. 하지만 그렇게 밀어내는 것이 선생님에게도 상처를 남기네요.

내담자(동영상): 네, 항상 상처받는 느낌이 들어요. 처음부터 있었던 느낌이자, 선생님이 제게서 불러일으킨 느낌 같아요.

치료자(동영상): 슬프면서도 화가 나네요.

내담자(동영상): 그건 그냥 제가 방어하는 거라고 느껴져요.

수퍼바이저: 이게 자기 방해예요. 내면에서 무엇을 느끼지는지를 보는 것도 괜찮지만, 자기 방해와 관련된 두 의자 대화 작업을 하는 것이 좋을 수 있어요.

수련자: 그녀를 다른 쪽 의자로 오게 하고 그녀가 슬픈 감정을 갖지 못하게 하라는 말이죠.

수퍼바이저: 맞아요.

치료자(동영상): 그래요. 지금 내면에서 무엇이 느껴지나요?

내담자(동영상): 숨이 가쁘고 가슴이 좀 조이는 느낌이에요.

치료자(동영상): 그런 느낌을 주는 내면에서 무엇이 일어나고 있나요? 무엇을 원하지 않는지요?

내담자(동영상): 왜 이렇게 힘든 걸까요? 그들을 보고 싶지 않은 느낌이에요. 내가 뭘 정말 잘못하는 것 같은 느낌이에요.

치료자(동영상): 빈 의자에 앉아 있는 이모에게 말하세요. 당신을 보고 싶지 않아요. 다시 그런 일을 겪고 싶지 않아요.

내담자(동영상): 맞아요. 사실 당신 남편이 좀 무서워요. 삼촌은 정말 상처를 주는 말을 하고 있어요. 그런 상황에 또다시 날 두고 싶지 않아요.

치료자(동영상): 이 말을 할 때 무엇이 일어나는지요?

내담자(동영상): 차분해지는 느낌이에요. 상황을 조절하고 있는 느낌이에요.

수퍼바이저: 내 생각에 이것은 슬픔과 분노의 고통으로부터 보호하는, 자기 보호 과정이에요. 이것은 중요한 선택 지점으로 선생님이 상황을 어떻게 보는가에 달렸어요. 조절하는 것 같지만 이런 종류의 조절은 회피의 수단이에요. 이 상황을 어떻게 보나요?

수련자: 맞아요. 분명히 차단하는 것으로 보였어요. 사실 내담자는 이 상황을 불만족스럽게 보는 것 같아요. 대처하기 위한 마지막 절박한 시도 같아요.

수퍼바이저: 이것은 자기 방해이기에 "의자를 바꾸세요." 또는 "이쪽 의자로 오시겠어요?"라고 말하면서 작업할 수 있어요. 우리는 이모를 의자에서 나오게 하고, 이제는 당신의 한 부분이 되게 할 거예요.

수퍼비전 회기의 말미에 수퍼바이저는 말했다. "이것이 내담자에게 힘든 작업이라는 것을 이해하지만, 내담자는 자신이 그렇게 갖기를 원했던 이모를 잃은 슬픔을 애도할 필요가 있어 보여요. 애도는 미충족된 욕구를 내려놓는 데 도움이 될 거예요." 수퍼바이저와 수련자는 사례 공식화에 대해 논의하였고, 내담자의 핵심 부적응적 정서는 외롭게 버림받음이고 애도 이후의 자기 진정이나 자기 주장적 분노(방어적 분노가 아닌)는 내담자에게 미해결 과제를 해소하게 하는 방법이 될 수 있음을 확인하였다. 또한 애도 이후의 자기 진정이나 자기 주장적 분노는 내담자가 슬픔이라는 핵심 정서 도식을 탈바꿈시키고 외로움과 버림받은 느낌들을 현 가족에 대한 사랑의 느낌과 과거에 받았던 어떤 사랑에 대한 감사로 재구조화하도록 이끌 것이다.

주지화

다음 예시에서 수퍼바이저는 수련자가 53세의 여성 내담자에게 지적으로 분석하지 않고 체험적 수준에 머물게 하는 것을 돕고 있다.

치료자(동영상): 우린 한 걸음 더 들어갈 수 있어요. 무엇을 놓치고 있는지 말해 줄 수 있나요? 그 슬픔은 당신이 잃은 것에 관해 말하고 있을 수도 있기 때문이에요.

내담자(동영상): 글쎄요. 많은 것을 놓치고 있어요. 예를 들면, 좀 더 웃는 것과 아침에 일어날 때 심각한 얼굴이 아니라 미소 띤 얼굴로 일어날 수 있으면 좋겠어요.

치료자(동영상): 그 말을 할 때 감정이 올라오는 것 같네요, 그죠?

내담자(동영상): 네, 울음이 터질 것 같아요.

치료자(동영상): 괜찮아요. 필요하면 정서를 있는 그대로 허용하세요.

수퍼바이저: 좋아요. 계속 정서에 초점을 두고 있네요.

내담자(동영상): 그리고 자연스럽게 행동했던 때가 그리워요.

치료자(동영상): 자연스럽게?

내담자(동영상): 네, 저 자신에게 어떤 행동 패턴을 부과하려는 욕구가 있어요. 매일 하는 것이죠. 하지만 차분하고 이완된 느낌으로 반응하는 것이 그리워요.

수퍼바이저: 내담자의 울음과 우는 경향에 다시 초점을 맞추는 것이 중요해요. 상위 수준의 개념적 의미보다 정서로 가서 정서의 메시지를 살펴보세요.

내담자(동영상): 맞아요, 내가 결정했지만 즐기기 위해 돈을 너무 많이 써요. 그래서 결국엔 모든 것이 이유도 없이 이런 식으로 되어버려서 삶이 아주 우울해요. 내가 어떻게 이런 얘기를 하게 되었는지 모르겠네요. 이런 게 싫어요.

수퍼바이저: 모든 게 철학적이거나 추상적이네요. 그녀의 핵심 감정과 욕구를 알 필요가 있어요. 그게 뭐죠?

수련자: 아마 슬픔이지 않을까 싶어요.

몇 분 후:

치료자(동영상): 마치 "음, 행복하지 않고 불행한 게 아파요."라고 말하는 것 같네요.

(내담자 울기 시작한다.)

수퍼바이저: 여기서 정말 고통스러운 것은 무엇인가요? 내담자의 핵심 고통은?

치료자(동영상): 오랫동안 도움이 되었고 어떤 때는 유용했을지 모르지만, 지금은 유용하지 않네요.

내담자(동영상): 여러 차례 유용했어요. 하지만 나 자신을 괴롭게 하는 것이 오랫동안 유용했는데, 지금은 내 성품의 한 부분이 된 것 같아요. 이게 싫어요.

치료자(동영상): 오래전엔 일정 기간 유용했는데, 어떤 일 이후부터?

내담자(동영상): 그 사건 이후부터요.

치료자(동영상): 그 남자의 이름이 뭐죠? 선생님 파트너 이름?

수퍼바이저: 좋아요, 좀 더 구체적인 것으로 나아가네요.

내담자(동영상): Peter에요.

치료자(동영상): Peter가 죽은 이후 새로운 생활방식이 나타났고, 당신의 말대로 "그 방식이 처음에는 유용했지만, 중간으로 갈수록 유용하지 않게 되었네요. 행복하지 않고요."

내담자(동영상): 맞아요. 하지만 재미있는 것은 2년간은 정말 안 좋았는데 그 이후 상황을 직시하기 시작했어요. 상황을 직면하고 있었기에 기분이 좋았어요. 다소 조용한 기간이었고요. 시간이 지나면서 뭔가 그렇게 잘 작동하지 않는다는 것을 깨닫기 시작했어요. 사실 작년에 이사하면서 다소 거리를 두고 상황을 볼 수 있었어요. 실제론 우울감을 느끼기 시작했었는데 그걸 몰랐어요.

치료자(동영상): 어떤 관점을 갖게 되었네요.

내담자(동영상): 네, 다소 거리를 두고 다른 관점에서 상황을 보기 시작했기 때문인 것 같아요. 고향에 있으면서 보호받는 느낌도 들면서 상황이 호전되는 것 같았어요. 지금은 그만두었지만, 직장도 갖게 되었고요. 하지만 거리를 두어도 정서적인 면들은 좋아지지 않는다는 것을 인식해 왔어요.

치료자(동영상): 당신의 현재 파트너인 Brian이 사고를 당하면서, 어떤 것이 활성화된 것 같네요.

내담자(동영상): 정말 그래요!

치료자(동영상): 다행스럽게도 한 걸음 뒤로 물러서서 표현할 필요가 있다는 것을 알게 되었네요. 그것이 슬픔인지 회한인지 모르겠네요.

수퍼바이저: 좋아요. 좀 더 분명하게 정서에 초점을 맞추고 있네요.

내담자(동영상): 많은 문제로 인해 야기된 슬픔 같아요. 첫 번째는 이전의 삶과 Simon을 잃은 것 때문이고, 다음은 내가 가진 모든 개인적인 특성들을 잃어버려서 슬픈 것 같아요. 환상이 주는 기쁨마저 잃어가고 있다는 것을 알아차리지 못했어요. 괜찮아지고 싶다는 것은 인식했지만 잃어버린 것들을 알아차리지는 못했어요.

진행 중인 사례의 수퍼비전

이 단락에서 우리는 진행 중인 수퍼비전 사례를 통해 시간의 흐름에 따라 수퍼비전에서 무엇이 일어날 수 있는지에 대한 관점을 제공하고자 한다. 수퍼바이저가 수련자에게 회기에서 발생한 것에 관해 간략한 설명을 요구하는 방법에서 시작하는데, 수퍼바이저가 수련자에게 수퍼비전에서 다루고 싶은 사안들이 있는지 묻는 방법과 수련자가 수퍼바이저에게 수퍼비전에서 초점을 맞추어 주기를 원하는 바를 요구하는 방법에 주목하기 바란다. 수퍼바이저와 수련자는 모든 치료 회기의 테이프를 함께 보았다. 다음은 치료 회기에서 일어난 것에 대한 요약 설명이다.

불안한 여성 내담자: 미해결 과제에 초점

내담자는 26세 여대생으로 불안과 우울로 대학상담센터에 왔다. 그녀는 치료자와 좋은 유대관계를 맺었고 중간 정도의 체험 수준에서 치료자에게 얘기를 잘하였다. 수퍼바이저는 수련자와 2회기 동영상을 시청하였다. 내담자는 마음속으로 사람들이 어떻게 자신을 판단한다고 느끼는지와 이것이 어떻게 자신을 불안하게 하는지를 아주 명확히 설명하였다. 내담자는 대인관계 상황에서 자신이 멍하게 되어 말을 할 수 없다고 하였다. 내담자는 조용히 있으면서 아무런 기여나 참여도 하지 않는 자신에게 화가 난다고 말하였다.

수퍼바이저는 수련자에게 위 상황을 어떻게 이해하는지, 어떤 표식이 들리는지 묻는다. 수련자는 내담자가 사회적으로 불안한 것으로 이해하며, 한쪽이 다른 쪽을 파국화하고 두렵게 만드는 불안 분열 표식(Greenberg, 2010)을 듣고 있다고 말한다. 여기서 수퍼바이저는 질문을 통해 가르치고 있고 표식의 인식을 통해 처치 모델을 부각하고 있다. 수퍼바이저는 수련자와 처치 모델을 구성하는 방안을 논의하고, 내담자에게 자기 의자보다 비판자 의자에 앉아서 판단적인 "타자"를 연기하도록 요구하는 것으로 의자 대화를 시작하는 것이 종종 가장 촉발을 잘 일으킨다고 제시한다. 의자 대화는 세 번째 회기에서 실시되었고 많은 감정을 촉발하였다. 비판자는 매우 가혹하게 비난하였는데, 내담자는 비판자가 자신을 작고 약한 존재로 느끼게 한다고 하였다. 내담자는 자신이 이런 순환 고리에 갇혀 있다는 것에 슬픔을 느꼈다. 하지만 전체적으로 내담자는 자신의 체험에 몰입하였고 의자 대화는 올바른 방향으로 가고 있는 느낌이 들었다. 수련자와 수퍼바이저는 만약 불안 작업을 심화할 어떤 표식이 드러나면 비판자를 명확히 해서 핵심적인 평가를 더 강화하고 비판을 더 구체화하는 것이 좋다는 점에 동의하였다. 왜냐하면, 이런 작업이 내담자가 핵심 정서에 접촉할 수 있도록 도울 것이기 때문이다.

다음 회기 시작 때에 내담자는 자기에 대한 자신의 판단이 타인의 판단보다 더 고통스럽다는 것을 알게 되었다고 말하였다. 치료자는 의자 작업을 시작하였고 작업은 아주 생산적이었다. 내담자는 많은 비난을 구체화할 수 있었다. 비난은 가혹하였다. 하지만 수련자는 내담자가 비난을 아주 구체화하도록 도울 수 없었다. 내담자는 비난자 역할을 하면서 "내가 너를 깎아내렸기에 다른 사람들은 너를 깎아내리지 않을 거야."라고 말했다. 수퍼바이저는 이것은 실연 지향적이기보다 좀 더 통찰 지향적이라고 피드백하였다.

수퍼바이저는 수련자와 어떻게 하면 비난자가 비난을 실행할 때 좀 더 구체적이고 자세히 하도록 도울지 논의하였다. 예를 들어, 비난자가 "네가 어제 옆에 앉은 사람에게 과제가 뭐냐고 물었을 때, 넌 엄청 말을 더듬으며 불안해했어. 넌 너 자신을 바보로 만들었어."와 같이 말하게 하는 것이다.

"자기" 의자에서 내담자는 많은 고통에 접촉하였다. 치료자는 그녀의 경험을 타당화하였다. 하지만 수련자인 치료자는 내담자가 감정들을 식별하고 의미를 발견하도록 돕는 말을 찾을 수 없었다고 하였다.

수퍼바이저와 수련자는 내담자의 핵심 부적응적 정서를 함께 탐색하였는데, 그것이 수치심을 기반으로 하는 정서(즉, "난 문제가 있어.")인지 외롭게 버림받은 정서(즉, "난 스스로 살아남을 수 없어.")인지 아직 명확하지는 않았지만, 핵심 부적응 정서는 사랑받지 못한다는 느낌 같았다. 그들은 내담자의 핵심 정서가 무엇이고 내담자가 정서를 표현하기 위해 어떤 공감적 추측을 사용할 수 있을지 논의하였다. 수퍼바이저는 내담자의 가장 고통스러운 정서가 무엇인지가 명료해질 때까지 단정하지 않고 개방적으로 접근하면서도, 수치심과 슬픈 외로움이 혼합된 정서에 대한 공감적 추측을 제안하였다. 예를 들어, "슬프고 외로우면서 나 자신을 있는 그대로 수용할 수 없을 것 같은 두려움이 있으실 것 같아요. 아무도 정말 날 사랑하고 소중하게 대하지 않았고 또 내가 자신에 대해 좋게 느끼도록 하지 않았기에"와 같이 말이다. 내담자의 욕구는 인정과 친밀의 욕구였다. 수퍼바이저는 수련자에게 다음 회기에서 이런 느낌들이 내담자의 원 가족에서 시작되었을 가능성에 대해 좀 살펴보도록 제안하였다.

4회기에 내담자는 배경 정보를 좀 더 이야기하였다. 그녀는 독자이고 아버지는 아주 성격이 불같고 화를 많이 내었다. 내담자는 아버지가 그녀를 쫓아왔고 그녀는 겨우 자기 방에 들어가 문을 잠갔던 기억을 회상했다. 두 차례 "엉덩이를 때린" 사건도 있었는데 그녀는 아버지가 무서웠다. 신체적인 학대는 하지 않았지만 화내는 것이 무서웠다. 하지만 정서적 학대는 분명히 있었는데 그녀에게 아주 못된 말을 했었다. 엄마는 내담자가 아빠에게 한 차례 맞았던 때를 제외하곤, 보통은 아빠를 무시했고 내담자에게도 "크게 문제 삼지 마."라고 하면서 무시하라고 하였다. 부모님은 내담자가 어릴 때 연극 활동이나 학교 행사에도 결코 오지 않았다. 부모님이 자식을 원했는지 확실하지 않았기에 환영받지 않는다는 느낌을 받았다고 했다. 지금은 그들과 다소 거리감이 있다고 하였다.

수퍼비전 때 수퍼바이저는 초점을 둘 부분은 미해결 과제 같으며, 앞으로 어떤 표식이 드러나는지에 따라 달라질 수 있지만 아마 가장 중요한 것은 아버지와의 미해결 과제일 것 같다는 점을 수련자와 논의하였다.

5회기에 내담자는 아버지를 빈 의자에 앉혔다. 그녀는 자신의 현 관계에 관해 이야기하면서 과거에 있었던 남자 친구와의 관계 문제들을 다루는 것이 힘들다고 하였다. 그리고 이것은 사랑받지 못하고 남자 친구에게 가장 중요한 사람이 되지 않는 것에 대한 두려움과 슬픔을 촉발하였다. 내담자에 따르면, 이것은 아버지와도 관련되어서 치료자는 아버지와의 빈 의자 대화를 시작하였다. 내담자는 아버지가 그녀에게 유발한 슬픔, 고립감, 외로움을 체험하고 표현하였다. 그녀는 버림받은 슬픈 다른 경험들도 자세히 이야기하고 마음껏 울었는데, 자신이 얼마나 외롭고 환영받지 않는다고 느끼는지를 표현하였다.

수퍼바이저와 수련자가 테이프를 경청할 때, 수퍼바이저는 내담자가 좀 더 내적으로 초점이 맞춰진 목소리로 "아버지는 이미 너무 늦었어요."라고 말하는 것에서 어떤 작은 전환이 있음을 감지하였다.

내담자는 살면서 아버지가 그녀에게 시간을 더 내어주지 않았던 것에 실망감을 표현하면서 아버지가 한 짓은 용서할 수 없다고 말하였다. 그리곤 그에게 다소 화를 내었다. 수련자는 이때 아버지를 향한 화를 증폭하도록 촉진해야 하는지 물었다.

수퍼바이저는 화의 표현은 중요하지만, 내담자의 화가 지금은 더 거부적이고 파괴적인 점을 지적하였다. 이는 내담자가 더 "훈계하는" 목소리로, 예를 들어 "당신은 나쁜 아버지야. 당신은 너무 이기적이고 겁쟁이기 때문에 절대 자녀를 갖지 말았어야 했어."라고 말하는 것에서 드러난다. 수퍼바이저는 내담자가 슬픔과 분노에 접촉하는 것은 좋지만, 분노가 어느 정도 외부로 향한 후에는 내담자가 "나" 메시지를 사용해 힘 있는 분노를 경험하고 표현하도록 안내할 필요가 있다고 제안하였다. 예를 들어, "난 이것에 대해 당신에게 화가 나." 또는 "당신이 이렇게 한 것에 대해 격분해."라고 말하는 것이다. 이것은 내담자가 아버지에 대한 부정적인 평가보다 자신의 느낌에 주의의 초점을 맞추고 표현하는 데에 도움이 되기 때문이다.

의자 대화에서 내담자는 아버지에게 자신에게 좀 더 자주 연락하지 않았던 것에 관해 책임을 지도록 하였고, 그녀가 사랑받지 못하는 존재가 아니라 그가 정말 사랑할 능력이 없었기 때문이라고 말하였다. 그녀는 자신의 아이들을 갖기를 원하며 아픈 아동기의 사이클을 깨고 싶다고 하였다. 하지만 그녀는 자신이 화를 낼 자격이 있고 앞으로 행복할 수 있을지 의구심이 든다고 하였다. 수련자는 이때 어떻게 해야 할지 몰라 단지 공감만 하였다고 말했다.

수퍼바이저는 이것은 자기 방해 표식이며 두 의자 실연을 통해 자기 방해 작업을 하는 것이 도움이 될 수 있다고 제안하였다. 한쪽이 다른 쪽에게 화를 느끼거나 심지어 행복할 권리를 갖지 못하도록 하는 주체로서 적극적인 역할을 할 수 있다. 이것은 내담자가 막힌 분노의 감정과 행복할 권리에 접촉하도록 도울 수 있다.

결론

수퍼바이저와 수련자 간의 좋은 수퍼비전 동맹은 수퍼비전의 필수조건이다. 이런 동맹이 맺어지면 수퍼비전의 초점은 수련자의 현존, 무조건적 긍정적 존중, 진정성, 공감과 함께 내담자와 작업동맹을 형성하고 유지하는 수련자의 대인관계 기술로 전환된다. 4장에서는 이런 기술들과 더불어 또 다른 기술을 촉진하는 수퍼비전 방법의 예가 제시되는데, 치료적 동맹과 관련된 문제들을 관리하는 방법과 수련자의 대인관계 기술도 논의된다.

4장

수퍼비전의 공통 문제 다루기: 동맹과 대인관계 기술

모든 참된 삶은 만남에서 비롯된다.

—Martin Buber

나와 동료 사이의 모든 갈등의 원천은 내 생각을 그대로 말하지 않고 내가 말한 것을 행하지 않는 것이다.

—Martin Buber

이 장에서 우리는 수퍼비전에서 발생하는 두 가지 형태의 어려움을 다룬다. 첫 번째는 수퍼바이저와 수련자 또는 수련자와 내담자 간에 동맹의 균열이 발생하는 것과 관련된다. 두 번째는 치료자의 부적절한 대인관계 기술로 인해 발생하는 어려움이다. 정서중심치료(EFT) 수퍼비전에서 발생할 수 있는 가장 주된 어려움은 이들 두 가지 어려움이 결합될 때인데, 수련자가 정동에 접촉해 편안함을 느끼며 공감적으로 조율하는 것을 배우는 데 어려움이 있을 때도 발생한다.

수퍼비전 동맹에서 균열 다루기

수퍼비전 관계를 방해하는 가장 주된 어려움은 동맹의 균열이다. Safran과 Crocker 및 Murray(1990)는 과제분석 접근을 사용해 실시한 치료적 동맹에 관한 연구에서 7개의 잠재적 동명 균열 표식을 확인하였는데, 이것은 수퍼비전 장면에도 적용될 수 있다. 이 7개 표식은 (a) 부정적인 감정의 과도한 표현, (b) 부정적인 감정이나 적개심의 간접적인 소통, (c) 목표나 과제의 불일치, (d) 순응, (e) 회피 전략, (f) 자존감의 조작적 강화, (g) 개입에 대한 무반응이다. 이 표식들은 수퍼비전에도 적용되는데, 우리는 이 표식들을 균열에 대한 논의의 기본 틀로 사용한다. 수퍼비전 동맹의 어려움 표식들은 두 가지 주된 범주로 나눌 수 있는데, 하나는 **대립 표식**으로 이것은 수련자가 불평을 표하거나 의견 차이에 대해 걱정을 분명히 표현하는 것이다. 다른 하나는 **회피 표식**으로 이것은 문제를 좀 더 암시적으로 표현하는 것으로, 예를 들면 적대감, 회피, 순응, 수퍼비전에 대한 무반응 등이다. 균열은 보통 수련자가 불평이나 철회를 시작하는 것으로 나타난다. 하지만 중요한 점은 수퍼자이저는 자신의 지위에 내재된 권한 덕분에 불이익이나 질책을 걱정하지 않고 대화를 먼저 시작할 수 있는 유리한 위치에 있다는 점을 인식하는 것이다. EFT 수퍼바이저는 이러한 힘의 불균형을 인식하고 관계를 계속 점검해서 균열의 초기 신호를 찾고, 필요하다고 느끼면 관계에 대한 논의를 먼저 시도해야 한다. 이 경우, 수련자가 불만을 말로 표현하지 않더라도 수퍼바이저가 문제에 대한 논의를 먼저 시도하는 것을 권고하며 또 필요로 한다. 수퍼바이저가 좀 더 주도적인 입장을 취하는 경우, 예를 들면 수련자는 따라가는 탐색적 접근을 더 취하고 싶은데 수퍼바이저가 수련자에게 내담자에게 더욱 영향을 미치는 접근을 취하도록 하거나 특정 개입을 하도록 촉구하는 것은 수퍼바이저와 수련자 간의 갈등으로 결과될 수 있다. 수퍼바이저는 이런 종류의 균열 가능성에 대해 높은 민감도를 보이고, 주의 깊게 비방어적으로 경청하며, 균열이 일어날 때는 공감적인 반영을 통해 균열을 예방하거나 해결해야 한다.

과제분석 접근을 활용해 사건들의 구성요소들을 구체화해 보면, 수퍼비전 동맹의 어려움은 과제 표식, 과제 환경, 수련자의 변화 과정, 문제 해결로 구성됨을 볼 수 있다. 두 가지 주된 수퍼비전 동맹 표식은 내담자-치료자 균열과 유사한 양상을 보이는데, [그림 4.1]에 과제 환경, 수련자 과정, 과제 해결과 함께 요약되어 있다. 동명 균열 표식이 확인된 후에 수퍼바이저는 어려움을 인정하고 이를 공동 책임으로 보며 대화를 촉진한다. 수련자와 수퍼바이저는 서로 어려움을 어떻게 인식하는지를 탐색하기(즉, 심화하기) 시작한다. 이 단계에서 수퍼바이저는 어려움의 유발에 자신이 어떤 역할을 했는지를 진솔하게 숙고하고 개방함으로써 균열을 해결하는 과정에서 모범을 보이고 해결을 촉진한다. 어려움의 해결을 위해 수련자가 경험하는 과정들에는 다양한 초기의 정서 반응들(예: 덜 긴장되고, 더 편안하며, 귀 기울여지고, 타당화받는 느낌), 자신과 수퍼바이저에 대한 숙고(예: 수퍼바이저와의 관계를 서로 함께 만든 경험으로 이해하기, 문제를 구성하고 재구성하기, 자신이나 수퍼바이저의 오해와 한계를 성찰하기), 새로운 행동을 유발/동기화하는 경향성의 발달(예: 욕구 확인하기, 필

표 4.1 수퍼비전 동맹의 어려움 과제

수퍼비전 동맹의 어려움/분열 표식	과제 환경	수련자의 처리 과정	해결
맞서기: 수련자가 목표나 과제에 관해 동의하지 않거나 자존감을 강화하는 전략의 사용으로 인해 동맹의 어려움이 명시적으로 표현됨 철회: 부정적 감정이나 적개심, 회피, 순응 및/또는 수퍼비전에 대한 무반응을 간접적으로 전달함	공감적 조율: 수퍼바이저는 인식되지 않은 잠재적 동맹 문제에 대해 부드럽게 논의하고, 그 문제 발생에 수퍼바이저가 이바지하는 바를 인정하며, "우리"라는 단어를 사용해 협력적인 입장 취함. 즉, 문제를 "우리"의 문제로 인정하고 수련자의 경험을 타당화함 자기개방: 수퍼바이저는 수련자에 대한 존중과 비판단적 입장을 견지하면서, 자신의 느낌과 생각을 개방적이고 솔직하게 진정성을 갖고 개방함 과제탐색: 수퍼바이저는 문제에 대한 공감적 탐색을 실행하고, 수련자가 자신의 관점을 개방적으로 나눌 수 있도록 초대하며, 서로 상호작용적으로 문제에 관여하는 점을 강조하고, 그 의미를 공감적으로 반영함 심화하기: 수퍼바이저와 수련자는 어려움에 대한 각자의 인식을 변증법적으로 탐색함	정서적 반응: 긴장되거나 아니면 더 편안한 성찰적 과정: 자신과 수퍼바이저의 차이점이나 한계를 성찰 동기와 행동의 유발 경향성: 긍정적 확인의 욕구, 차후의 상호작용을 계획하기	양자에 의해 경험되는 진정한 만족감과 안도감 신뢰의 재개와 수퍼비전 목적 달성 작업을 계속 기꺼이 하고자 함 문제에 대한 공유된 이해의 발달 향후를 위한 실제적인 해결 방안의 탐색

요한 경우 책임지기, 향후 상호작용과 협상을 더 잘하기 위한 구체적인 방향을 설정하고 계획을 수립하기)가 포함된다. **부분 해결**의 단계에서는 어려움의 잠재적 원인에 대한 공유된 이해가 수퍼바이저에 의해 요약되고 수련자에 의해 확인되는데, 이를 바탕으로 두 당사자는 **실제적인 해결 방안의 탐색** 단계로 더욱 깊이 들어간다. 서로의 욕구를 표현하고, 목표에 대한 합의점을 찾으며, 서로의 기대에 맞춤으로써 수련자와 수퍼바이저는 동맹 균열의 **완전 해결**의 단계로 들어가는데, 이 단계에서 두 당사자는 수퍼비전 과정에 대한 진정한 만족감과 되살아난 열정을 경험한다.

EFT의 일반 원칙으로, EFT는 거의 모든 종류의 관계 문제들을 치료자의 진정성으로 해결한다. 여기서 우리는 수퍼바이저와 수련자의 균열에 초점을 맞춘다. 일반적으로, 수퍼바이저는 EFT 치료자가 내담자와 사용하는 방법들을 수련자와 작업할 때도 사용한다. 공감과 수용에 덧붙여 일치성과 진정성은 EFT의 관계에서 중요한 개념들이다. 하지만 이들은 복잡한 관계 문제를 다루기 위한 포괄적인 개념들로 전반적인 지침은 제공하지만, 정서중심치료자가 어떻게 대인관계 어려움을 다루는지를 구체화하지는 않는다(참고. Greenberg & Geller, 2001). EFT와의 일관성을 유지하기 위해, 치료자는 잘 훈련된 진정성을 실행할 필요가 있다. 치료자는 이차적이거나 촉진적이지 않은 감정일 수 있는 감정으로 반동적으로 반응하지 않고, 자신의 경험을 이야기하기 전에 자신의 반동적 반응들을 깊이 탐색해야 한다. 이 기술은 수련과 치료를 통해 개발된다.

우리는 수퍼바이저들이 자신의 저변에 있는 감정들이 무엇인지 알아차릴 수 있는 능력을 개발해서 이것을 필요한 순간에 수련자에게 적절하면서도 위협적이지 않은 방식으로 표현할 수 있기를 희망한다. 따라서 수퍼바이저와 수련자 사이에 어려움이 발생할 때, 수퍼바이저는 자기가 느끼는 것을 명확히 자각한 후, 이것을 수련자에게 표현하는 것이 수퍼비전 과정에 도움이 된다고 생각하면 표현해야 한다. 수퍼바이저가 제안한 바를 수련자가 실행하지 않아 수련자에게 화가 난 것을 자각한 수퍼바이저는 수련 회기 사이에 자신이 느끼는 것을 탐색한 후에, 자신의 화가 일차적인 불안이 아니라 자신이 유능한 수퍼바이저가 아니라는 위협감에 기반한 이차적인 감정이라는 것을 인식한다. 이때 수퍼바이저는 다음과 같이 말할 수 있겠다. "내가 좀 불안한 것을 알아차려요. 내가 말하고 있는 것이 선생님에게 그다지 도움이 되지 못하는 것을 감지하고 있어요. 왜냐하면, 선생님은 선생님이 사물을 보는 방식 속으로 내가 말하는 것을 적용할 수 없다는 것을 보기 때문이에요." 이런 형태의 잘 절제된 진정성은 수련자에 대한 수퍼바이저의 개인적인 반응을 다루는 중요한 방법이다.

만약 이런 부적절한 감정이나 어떤 다른 감정이 만성적인 경우, 수퍼바이저는 이런 문제가 되는 감정의 탐색에 도움을 받기 위해 자신이 하는 수퍼비전이나 치료에 대한 수퍼비전을 구할 수 있다. 이런 맥락에서, 수퍼비전 동맹의 형성과 유지에 부정적인 영향을 미치는 다양한 요인들이 있다. 첫째, 작업동맹의 어려움은 정서적 유대가 약하거나 목표나 작업 과제에 대한 동의가 적절히 합의되지 않을 때 발생한다. 유대에 대한 확신이 없다면 수퍼바이저는 다음과 같이 말할 수 있다. "우리가 어떻게 잘하고 있는지 궁금하네요. 선생님이 안전감을 충분히 느끼도록 내가 잘 도왔는지 모르겠네요." 또는

"우리 관계에서 무엇인가 잘못되었다고 느끼면, 무엇이 일어나고 있는지나 자신이 느끼는 것이 자신의 개인적인 불안인지 아닌지를 서로 말할 수 있을까요?" 한편, 협력에 어려움이 있는 경우 수퍼바이저는 다음과 같이 말할 수도 있겠다. "내가 선생님에게 제안하는 것이 선생님 생각에 필요하거나 가장 도움이 되는 것 같지 않네요." 또는 "이렇게 내담자의 저변에 있는 감정에 초점을 맞추는 것을 변화의 목표로 보는 것이 선생님이 변화를 위해 필요하다고 보는 것과 맞지 않는 것은 아닌지 궁금하네요."

둘째, 문화나 성별과 관련된 동맹 문제가 있을 수 있는데, 수련자나 수퍼바이저는 두 사람 사이나 두 사람 중 한 사람과 내담자 사이에 어떤 형태의 성별 또는 문화적 편견이 있다고 느낄 수 있다. 차별과 같은 사회적 맥락과 함께 국적, 계층, 종교와 같은 사회 체제가 사람들의 복합적인 정체성과 어떻게 상호작용하고 또 내담자-상담자-수퍼바이저 3자 간의 경험과 지식에 영향을 미치는 방식에 대한 논의가 필요하다(Inman & Ladany, 2014). 덧붙여, 관련자들 간에 해결해야 할 성적 매력의 문제도 있을 수 있다. 어떤 경우에든, 감정과 경계선의 명료화 및 지속에 대한 상호 존중의 대화가 필요하다.

조율의 결여와 함께 사회문화적, 성적 민감성의 결여는 내담자나 수련자와의 동맹을 깨는 많은 원인 중의 일부이기에 수퍼바이저는 이것을 자각하고 있어야 한다. 예를 들어, 수련자나 내담자는 수퍼바이저나 치료자의 견해에 묻어 있는 어떤 고정관념에 민감할지 모른다. 이런 것들은 명료하게 논의될 필요가 있다. 왜냐하면, 수퍼비전이 성공적이기 위해선 수퍼바이저와 수련자가 결국 협력할 필요가 있기 때문이다.

셋째, 또 다른 어려움은 수련자의 대인관계와 성격 문제가 수련자의 치료적 능력을 방해하는 것을 다룰 필요가 있을 때이다. 이를 위해서는 먼저 내담자와 치료자, 수련자와 수퍼바이저 사이에 무엇이 일어나는지가 관찰되어야 한다. 그다음, 수퍼바이저는 무엇이 일어나고 있는지를 명확히 이해할 때 수련자에게 피드백을 주기 시작한다. 피드백은 무엇보다 먼저 수련자에 대한 관찰이나 비판이 아니라 수퍼바이저의 경험을 개방하는 방식으로 전달되어야 한다. 왜냐하면, 개방은 수련자가 인식된 비판에 대해 방어하기보다 경청하도록 돕기 때문이다. 수퍼바이저는 아주 소극적이고 조심스러운 수련자에게는 다음과 같이 말할 수 있다. "내담자와의 대화를 들으며 염려가 되는 점은 선생님의 조심스러움으로 인해 내담자가 선생님의 따뜻함을 알지 못할 수도 있을 것 같다는 점이에요." 매우 불안한 수련자에게는 "대화를 들으며 염려가 되는 점은 내담자를 잘 돕고자 불안해하는 것이 필요 이상으로 말을 많이 하게 된다는 것입니다."라고 말할 수 있겠다. 너무 주도적이거나 비판적인 수련자에게는 "대화를 들으며 염려되는 점은 내담자에게 공간이 좀 더 필요한 것 같습니다. 선생님이 제공해 주는 것이 너무 많거나 압도적이어서, 내담자가 받는 것 모두를 다 잘 활용할 수 없을 수도 있을 것 같아요."라고 말할 수 있겠다. 수련자가 수퍼바이저의 염려를 귀 기울인 후에는, 무엇을 달리 할 것인지에 대한 안내를 수련자에게 제공할 수 있다. 예를 들면, 지나치게 주도적인 수련자에게 수퍼바이저는 "한 걸음 물러서서 안내를 적게 하는 것이 더 좋을지 모르겠네요."라고 말할 수 있겠다. 따라서 EFT 수퍼바이저는 자기 자신을 알고, 진솔하게 행동하며, 자신과 수련자 간의 차이점들을 무조건적으로 수용하고, 포용하며, 인내할 수 있어야 한다. 이런 점들은 자기개발, 심리치료 및 조언에 의해 성취될 수 있다.

동맹 균열을 유발하는 수련자의 문제가 되는, 오랫동안 형성된 성격적인 어려움을 다루는 것은 커다란 도전이다. 이 경우 수퍼바이저는 종종 저변의 더욱 깊은 문제를 이해할 뿐만 아니라 문제가 되는 패턴에 대해 피드백을 제공하거나, 개인 치료를 제안할 수도 있다. 또한 수퍼바이저는 자신의 감정, 개인적인 가치, 태도를 자각하고 자신의 이런 점들이 수련자의 다른 경험과 세계관을 진정으로 존중하고 공감적으로 조율하는 자신의 능력을 어떻게 제한하는지 이해해야 한다. 때로 수퍼바이저와 수련자 사이에 의견 차이나 근본적인 신뢰의 결여가 있을 때도 있다. 예를 들어, 수퍼바이저와 수련자는 치료의 저변에 있는 이론이나 내담자의 상황(예: 낙태)을 다루는 방식에 의견이 다를 수 있다. 이런 경우 협력이 가능하지 않을 수도 있는데, 이때가 바로 수련자에게 도움이 되는 어떤 결정(예: 개선 조치, 수퍼바이저 변경)을 할 때이다. 하지만 이때도 늘 초점을 둘 점은 내담자의 복지이다.

수련자의 대인관계 어려움

이 단락에서 우리는 동맹의 어려움과 균열을 확인하고 대처하는 일반적인 방법을 제시한 후, 수련자가 현존하며 내담자에게 공감을 제공하기 어려워함으로써 발생하는 동맹 균열의 구체적인 상황으로 나아간다.

내담자와의 동맹 어려움과 균열을 확인하고 다루기

내담자와의 동맹의 어려움이나 균열을 보여 주는 표식, 수퍼바이저의 개입(과제 환경), 수련자의 변화 과정 및 문제 해결이 〈표 4.2〉에 제시되어 있다. 다음에서 제시되는 회기의 한 부분에서, 수퍼바이저는 부실한 과제 협력의 결과인 내담자와의 동맹의 어려움에 대해 수련자와 작업한다.

치료자(동영상): 음, 대화를 통해 작업하는 한 가지 방식이 있습니다. 아버지를 이 의자에 앉게 하고 대화를 해서 무엇이 일어나는지 봅시다.

내담자는 하고 싶지 않음을 나타내는 웃음으로 거절을 나타내며 고개를 젓고 주저하며 중얼거린다.

치료자(동영상): 왜 그러는지요? 20분 더 남았어요.

내담자(동영상): 시간 낭비 같아요.

수퍼바이저: 일종의 의견 차가 있네요.

치료자(동영상): 하지만 이것은 중요해요.

내담자(동영상): 이 작업을 하면 아버지와 잘못된 것들을 말할 것 같은 느낌이 들어요. 남편과 말하는 것은 문제가 아닌데, 아직 아버지에게 맞설 수는 없는 것 같아요.

치료자(동영상): 정서가 올라오네요.

내담자(동영상): 맞아요.

표 4.2 내담자와 동맹의 어려움 과제

치료 동맹 어려움/분열 표식	과제 환경	수련자의 처리 과정	해결
맞서기: 내담자가 목표나 과제에 관해 동의하지 않거나 자존감을 강화하는 전략의 사용으로 인해 동맹의 어려움이 명시적으로 표현됨 철회: 부정적 감정이나 적개심, 회피, 순응 및/또는 치료에 대한 무반응을 간접적으로 전달함	공감적 조율: 수퍼바이저는 수련자에게 균열 문제를 조심스러운 태도로 언급하고, 현재 일어나는 문제에 대해 수퍼바이저가 기여하는 바를 인정하며, 협력적인 관점에서 "우리"라는 단어를 사용해 대인관계 어려움을 의논함 자기개방: 수퍼바이저는 수련자가 일차적 정서에 도달하는 것에 관한 자신의 반응을 탐색하도록 격려하며, 내담자를 존중하고 판단하지 않는 자세를 견지하면서 자신의 느낌과 생각을 열린 마음으로 정직하고 진솔하고 개방하도록 격려함 과제탐색: 수퍼바이저는 수련자가 내담자와 함께 문제를 공감적으로 탐색하고, 내담자가 자신의 관점을 개방적으로 나눌 수 있도록 초대하며, 문제에 대한 상호작용적 관여를 강조하고, 그 의미를 공감적으로 반영토록 격려함	내담자에 대한 자신의 대인관계적 반응을 탐색함 내담자와의 상호작용에서 발생하는 자신의 일차적 정서에 기반해 반응을 생성하거나 실행함	수련자는 메타커뮤니케이션을 더 잘할 수 있게 되고, 수퍼비전에서 연습한 것을 더 잘 적용할 수 있음

내담자는 얼굴이 붉어지고 눈에 눈물이 맺힌다.

치료자(동영상): 함께 살펴보아요. 어떤 감정들이 있는지. 도움이 될 거로 생각해요. 강한 감정을 경험하는 것처럼 느껴지네요.

내담자(동영상): 네.

치료자(동영상): 즐거운 마음으로 치료에 온 것 같아요. 편안하고 괜찮다고 했고요. 이것에 관해 전에도 얘기했는데, 여기에 올 때마다 매번 희망적인 느낌이 든다고 하면서, "지금은 괜찮고 더 좋아졌어요."라고 했지요. 즐겁게 왔고 즐겁게 되었다고요. 그런데 얘기를 다시 하면서 내면으로 더 깊이 들어갔을 때, 어떤 것이 나타났어요. 선생님은 즐겁게 되려고 애쓰고, 좋게 되려고 하고, 저를 기쁘게 하려는 것 같은 느낌이 드네요.

내담자(동영상): 그래요. 제 감정을 억누르는 것 같은.

치료자(동영상): 억누르는 것 같은. 올라오는 어떤 것이 지금 선생님을 힘들게 할 수 있을 것 같네요? 즐거운 이야기를 할 계획을 갖고 오셨는데.

내담자(동영상): 네. 그게 지금 저를 힘들게 하지는 않아요. 과거에도 힘들게 하지 않았고요. 제가 처음 치료에 왔을 때 말씀드렸죠. 제가 어머니나 아버지, 여동생을 바꿀 수 없다고요. 그것이 그들의 모습이기 때문이에요.

수퍼바이저: 선생님이 말하는 "나를 기쁘게 하려는"은 일종의 전이에 대한 해석으로, 이 말을 할 때 과제에 대한 동의와 관

련된 어떤 잠재적인 동맹 균열이 있어요. 내담자는 전이에 대한 해석에 반응하거나 자신을 힘들게 하는 것에 초점을 두려고 하지 않는 것 같네요. 여기에 많은 의견 차이가 있네요. 내담자는 아버지를 의자에 앉혀서 기분이 나빠지는 것을 원하지 않아요. 이 지점에선 내담자의 두려움을 이해하려고 노력하는 것이 최선이에요.

치료자(동영상): 이런 것이 최근에 자주 일어나네요. 이 자리에서 한번 표현해 보세요. 무엇이 일어나는지요? 내면에서 무엇이 일어나고 있나요? 한번 살펴보는 것이 도움이 될 것 같아요.

내담자(동영상): 한번 보죠. 한번 같이 보지요. 그런데 그렇게 진지해지지가 않네요. 멈추는 것이 있어요.

치료자(동영상): 멈추는?

내담자(동영상): 네, 멈추고 있어요.

치료자(동영상): 멈추는 것을 더 잘 이해하는 것이 도움이 될 것 같네요.

내담자(동영상): 아마도요. 선생님이 그렇게 말씀하시면요. 선생님이 상사니까요.

치료자(동영상): 제가 상사라는 말이 무슨 뜻인가요?

내담자(동영상): 지금 저쪽으로 갈까요?

수퍼바이저: 다시 얘기하지만, 이것은 관계에 대한 해석인데 내담자가 그 해석에 반응하지 않네요. 내담자는 순응하고는 있지만 동의하는 것 같지는 않아요. 내 생각에 여기서 최선의 개입은 무엇이 일어나고 있는지를 안내를 하거나 유추

하면서 선생님에 대한 내담자의 경험에 초점을 맞추는 것보다, 내담자의 괴로움을 공감적으로 이해하는 것으로 전환하는 것일 수 있어요. 나는 동맹의 어려움에 대한 강한 표식이 없으면 관계에 대한 탐색은 피하려고 해요. 이것은 관계의 균열이 아니라 단지 협업이 잠시 중단된 것 같아요.

치료자가 내담자와 현존하고/하거나 공감적이기 어려움

관계 동맹의 문제를 넘어서는 것으로, 대인관계 기술과 관련된 주된 어려움은 수련자의 치료적 현존과 공감 문제이다. 이것은 〈표 4.3〉에 요약되어 있는데, 이 표에는 낮은 현존 및 공감과 관련된 수련자의 대인관계 어려움을 보여 주는 표식과 과제 환경이 기술되어 있고, 아직 충분히 이해되고 있지는 않지만 수련자의 변화 과정에 대한 가설이 포함되어 있으며, 과제 해결의 특성이 기술되어 있다.

일치성과 진정성은 EFT가 관계의 과정을 다루는 방식에 대한 포괄적인 설명을 담고 있다. 하지만 이 개념들은 치료자가 대인관계 어려움을 다루는 방법에 대해 명확히 설명하진 않는다(참고. Greenberg & Geller, 2001). 따라서 수퍼바이저는 수련자에게 **절제된 진솔함**(disciplined genuineness)을 시범적으로 보여 줄 필요가 있다. 절제된 진솔함은 이차적이거나 촉진적이지 않은 감정을 지닌 채 어떤 순간에 반동적으로 반응하는 것이 아니라, 자기 자신의 경험을 깊이 탐색하는 것을 내포한다. 따라서 수련자는 내담자와 작업할 때 자신이 느끼는 것을 탐색하도록 격려받는데, 수퍼바이저는 수련자가 자신의 가장 일차적인 반응들, 예를 들면 무능감, 조력하지 못할

표 4.3 현존 및 핵심 조건과 관련된 대인관계 어려움 과제

낮은 현존과 공감 표식	과제 환경	수련자의 처리 과정	해결
낮은 현존: 수련자는 너무 개념적이고, 산만하며, 목표 지향적이고, 너무 분석적임 낮은 공감: 공감 스타일의 결여(즉, 질문하기, 해석하기, 조언하기, 이성적이기, 정동에 대한 조율의 결여, 공감적 반영을 사용하지 않음 등)	피드백: 내담자와 치료자 자신의 현재 경험에 초점을 맞출 필요성을 알리기; 순간에 집중하고 숨쉬기 제안하기; 수련자가 치료 회기에서 어떤 순간에 자신의 느낌과 내담자의 비언어적 표현에 주의 집중하기 가르치기 및 피드백: 수련자에게 직면하게 하는 진술을 하거나 질문을 하기보다 좀 더 따라가고 좀 더 공감적 이도록 안내하기; 공감적 반응의 모범 보이기 과제 탐색: 수퍼바이저는 수련자가 내담자의 세계에 들어가고 그 세계와 공명하도록 초대하기; 수퍼바이저는 수련자가 치료 회기에서 경청을 통해 내담자가 "되며", 내담자로서 내담자가 느끼는 것을 식별하고 말로 표현하기; 발췌록을 경청하기, 다른 반응과 방식을 장려하기; 수퍼바이저는 녹화된 회기를 경청하기, 녹화 자료를 멈추고 잠재적 반응들을 제안하기, 수련자가 자신의 반응과 생각을 표현하도록 요구하기, 대안적인 공감적 반응의 모범을 보이기; 수련자는 내담자의 진술을 경청하고 내담자의 느낌과 핵심 의미를 포착하도록 요구받음	자신의 호흡에 주의를 기울인 다음, 내담자의 호흡과 비언어적 표현에 주의 기울이기를 연습하기 내담자와의 동일시를 가상으로 연습하기("내담자이기") 치료 회기에서 발췌된 일부 자료에 의견 내기, 반응이나 어려움을 표현하기, 새로운 또는 다른 반응을 창출하거나 연습하기	수련자는 사고하기와 계획하기를 내려놓고 좀 더 현존하기 수련자는 공감을 좀 더 전달할 수 있게 되고, 수퍼비전에서 연습한 것을 적용할 준비를 좀 더 할 수 있게 됨 수련자는 자신의 능력에 대해 새로운 희망을 가짐

것을 두려워함, 실패, 거절, 무력감에 접촉할 수 있도록 도울 필요가 있다. 그리고 수퍼바이저는 촉진적이고 진솔한 태도로 이러한 감정들을 소통하는 방법들을 구상하도록 도울 필요가 있다. 예를 들면, 이것은 "모든 것", 즉 치료자가 내담자와의 관계에서 느끼는 것뿐만 아니라 치료자가 자신이 말하는 것에 대한 느낌도 말함으로써 성취된다. 여기서 자신이 말하는 것에 대한 느낌이란, 얘기한 것이 상처를 주거나 공격적일 수도 있다는 염려와 함께 바보처럼 보일지도 모른다는 걱정이다.

수퍼비전에서 다루어지는 또 다른 중요한 점은 치료자가 내담자의 촉진적이지 않은 행동에 대해 피드백하거나 직면시키는 것의 필요성이다. 때로, 이 욕구는 기능적인 관계의 형성을 방해하는 내담자의 분명한 대인관계 및 성격 문제에 대한 치료자의 관찰과 염려에서 일어난다. EFT는 대인관계 패턴을 식별하고 성격과 동기에 초점을 맞추는 대인관계 치료만큼 이 문제에 초점을 두지는 않는다. 하지만 내담자가 이해하지 못하는 것으로 보이는 분명한 왜곡과 문제가 되는 패턴들에서 표식이 발생할 수 있다. 이 경우, 부적응적인 대인관계 패턴에 대한 어떤 형태의 피드백이 필요하고 또 제공된다. 따라서 수퍼바이저는 이 문제에 직면한 수련자에게 삶에서 내담자와 타인들과의 관계는 물론 내담자와 치료자의 관계에서 일어나는 것을 먼저 관찰하도록 격려한다. 수퍼바이저와 수련자가 무엇이 일어나고 있는지를 명확히 이해할 때, 수퍼바이저와 수련자는 내담자에게 어떤 피드백을 제공하거나 어떤 문제에 직면하게 하는 작업을 시작할 수 있다.

예를 들어, 내담자는 자신이 화를 폭발시키고 친밀한 관계에 있는 파트너를 언어적으로 공격하는 행동이 종종 파트너를 떠나게 했다고 치료자에게 설명하려 노력했다. 또한 "자신이 파트너를 너무 많이 사랑했기 때문에" 거절을 당했다고 덧붙였다. 이것은 분명한 왜곡으로 치료자는 이를 언급하고 직면시킬 필요가 있었다. 수퍼바이저는 수련자에게 내담자의 분노와 저변의 상처를 공감한 후에, 버림받음에 대한 두려움과 같은 저변의 일차적인 정서를 더 강조해야 한다고 제안하였다. 덧붙여, 수퍼바이저는 내담자가 사랑이라고 경험하는 것이 아마도 그의 삶에서 만난 여성들을 겁먹게 하고 결국은 멀어지게 만든다는 점을 수련자에게 부드럽게 제안하였다. 내담자에 대해 피드백을 할 때는 직면이나 비판이 아닌 수련자가 이해한 바를 주로 반영하면서 표현되어야 한다. 즉, "선생님은 아주 사랑한다고 말하지만, 실제로는 화가 난 거군요."라고 말하지 않는다. 이렇게 말하는 것은 불일치를 부정적으로 직면시키는 것으로, 내담자에게 자신이 진짜 느끼는 것을 말하지 않고 있다는 것을 강조하는 것이다. 이보다는 공감적으로 추측하거나 이해하는 방식으로 표현하는 것이 필요한데, "너무 사랑한다고 느끼기에 결국 화가 나게 되는 것 같네요. 그리고 과거의 경험처럼 여자분들이 선생님을 떠날까 봐 두려우신 것 같네요. 이런 점들이 오해를 받게 하고 상처가 되게 하는 것 같네요." 이런 방식의 표현은 EFT의 핵심 원리에 기반한 것으로, 이차적인 방어적 정서인 분노를 인정해 주면서 이면의 일차적이고 취약한 정서인 버림받음에 대한 두려움을 추측하는 것이다. 또한 수련자는 내담자에게 이런 방식의 진술에 대해 어떻게 반응하는지를 묻고, 내면에서 촉발되는 관계에 대한 감정을 처리할 할 필요가 있다.

따라서 수퍼바이저는 수련자가 다양한 형태의 공감적 반응들과 더불어 관계에서 느끼는 것을 진솔하게 개방하는 것을 배우고 실행하도록 돕는다(Greenberg & Geller, 2001). 이것은 수련자에게 가르치기, 모범 보이기, 과제 제시의 방식으로 행해지는데, 이런 과정을 통해 수련자는 회기 테이프에서 내담자가 한 말에 대해 다양한 방식의 반응을 떠올리거나, 진솔하고 촉진적이면서도 절제된 태도로 내적 경험을 개방한다.

수련자의 공감하기 어려움에 대한 수퍼비전 예시들

다음의 수퍼비전 예시들에서는 EFT 수련을 완료한 다양한 국가와 문화적 배경을 지닌 치료자들이 등장하는데, 이 예시들은 공감을 증진하는 작업을 보여 주면서도 EFT 접근이 다문화에 적용 가능함을 제시한다. 또한 이 예시들은 다문화 수퍼비전이 단일문화 수퍼비전과 근본적으로는 다르지 않음을 보여 준다.

낮은 공감 표식 작업하기 다음 사례는 낮은 강도의 우울증과 실존적 고립감을 경험하고 있고 지적인 분석 작업에 종사하는 전문가인 52세 내담자와 작업하는 치료자를 수퍼비전하는 것을 보여 준다. 내담자는 이혼했고 12년간 혼자 살아왔으며 고립감을 느끼고 만족스러운 삶을 살지 못하고 있다. 회기의 한 장면에서 내담자는 자기 내면의 한 부분이 자신을 억누르는 두 의자 자기 방해 대화를 한다. 수련자는 정신 역동적 접근을 중심으로 하면서 EFT를 포함한 다양한 접근들을 수련받은 숙련된 치료자이다. 치료자는 내담자가 자신이 감정을 억누르거나 막고 있는 주체임을 인식하도록 돕고 있다.

행위의 주체성에 대한 인식은 EFT 처치의 핵심 문제 중 하나이다. 하지만 수퍼바이저는 수련자가 이 장면에서 내담자에게 자신의 주체성을 인식하도록 도움에 있어 너무 지시적이고 충분히 공감적으로 따라가지 않고 있다는 피드백을 하는 것을 보여 준다.

이 장면에서 내담자는 무력감, 즉 행동할 수도 없고 어떤 것도 느낄 수 없는 것에 관해 이야기하고 있다. 수련자는 내담자의 자기 방해 과정에 초점을 맞추면서 개입한다.

치료자(동영상): 그것이 이 순간에 일어나고 있네요. 입술을 깨무시네요. 무엇을 억누르고 있습니까? 무엇을 억누르려고 애쓰고 있나요? 어떻게 억누르고 있나요? 억누르고 있는 것을 자각하고 있는지요? 한숨을 쉬고, 입술을 깨물고, 웃고 하는 것이 어떤 일부를 억누르고 있음을 보여 주는 것 같아요. 그것이 무엇이든지요. 화를 낼 수 없다고 계속 말하고 있는데, 화가 나지 않기 때문이거나 화를 억누르려고 애쓰고 있기 때문인 것 같아요. 무기력하게 서 있다고 말할 때가 외로움을 느끼는 때인지요?

내담자(동영상): 네, 그래요. 전 누군가와 함께 있거나, 누군가에게 말하거나, 어떤 활동을 할 때는 아주 편안해요. 하지만 그런 것을 멈추고 아무것도 하지 않을 때는 제 마음이 갑자기 아주 복잡해져요.

치료자(동영상): 예를 들면요? 선생님을 무섭게 하는 게 공허감이나 외로움인가요?

내담자(동영상): 사실 전 혼자 있는 것을 좋아해요. 그건 문제가 아니에요.

치료자(동영상): 혼자 있는 것을 좋아한다니 흥미롭네요. 그런데, 혼자 일하는 것을 시작한 지 2주밖에 되지 않았네요. 무엇이 외로움을 좋아하게 만드는지요?

수련자가 너무 지시적이고 낮은 공감을 보이는 것을 보면서, 수퍼바이저는 이 지점에서 테이프를 멈춘다.

수퍼바이저: 내담자가 자신을 어떻게 가로막는지를 알게 하고자 밀어붙이는 점을 이해해요. 하지만 내담자의 상태를 따라가면서 혼자인 것을 좋아하는 내담자의 경험을 공감해 보는 것이 중요하다고 생각해요. 왜냐하면, 그렇게 하는 것이 내담자가 선생님의 질문이나 제안에 반응하는 것보다는 자신과 더 잘 접촉하도록 돕기 때문이에요. 좀 더 구체적으로 살펴보면 "무엇이 외로움을 좋아하게 만드는지요?"라는 질문은 동기와 관련되어 있고 내담자에게 생각을 하게 해요. 공감하기는 "외로움을 좋아하는 것 같네요. 그것에 대해 좋은 느낌이 있네요. 어떤 느낌인가요?"와 같이 말하는 것일 수 있어요. 이렇게 공감하는 목적은 내담자가 자신의 느낌에 주의를 기울이도록 안내하기 위한 거예요. 좀 더 들어보면서 무엇이 일어나는지 봅시다. 내담자가 실제로 경험하는 것을 좀 더 자세히 따라가 보도록 합시다.

수퍼바이저는 수련자가 직면을 유도하는 진술이나 질문을 하기보다 좀 더 따라가고 좀 더 공감적 이도록 안내한다. 회기 동영상은 무엇이 외로움을 좋아하게 만드는지에 대한 질문에 내담자가 반응하는 것에서 계속된다.

내담자(동영상): 과거엔 혼자인 것을 좋아하는 것에 익숙했어요. 하지만 아프고 나선 혼자 있는 것을 참을 수가 없어요. 이전에도 그랬기는 했지만, 아프고 나선 늘 누군가와 같이 있고 싶었어요. 아무것도 안 하고 있을 때면 스트레스와 식은 땀이 나요. 살면서 부딪혔던 어려운 일들이 내게 떠올라요. 똑같은 어려움을 앞으로도 만날 것 같은 느낌이에요. 하지만 넓은 관점에서 한 발 떨어져서 보면 그럴 것 같지 않다는 걸 알아요.

치료자(동영상): 그럴 것 같지 않다는 것을 알게 되어서 안도감을 느낄 때는 누군가를 그렇게 많이 필요로 하지 않네요. 하지만 선생님의 다른 쪽이 압박하기 시작할 때 어떤 느낌이 드나요?

수퍼바이저: 내담자의 핵심 경험을 포착할 수 있는 공감적 반응을 같이 한번 만들어 봅시다.

수련자: 네. "아무것도 하지 않을 때는 힘든 일들이 일어나는군요. 그런 빈 공간에 있으면, 고립감이나 안전하지 않은 느낌 같은 것을 가질지도 모르겠네요?

수퍼바이저: 아주 좋아요. 내담자의 핵심 감정에 초점을 맞추고 있어요. 좀 더 넓게 바라보면 상황이 그렇게 보이지 않게 되고 자신이 이해받고 있다고 느낌을 갖게 되는 점을 인정

하는 것에서 시작한 후에, 내담자의 주된 고통스러운 감정에 공감적으로 초점을 맞출 수 있을 것 같아요. 이 시점에선 이끌기보다는 따라가기로 되돌아가서 내담자의 경험에 조율하는 것이 도움이 될 것 같아요. 내담자가 막혀 있기에 그렇게 하는 것이 어렵다는 점을 알아요. 하지만 아직은 내담자를 갈 수 없는 곳으로 이끌기보다, 내담자가 있는 곳으로 가려는 시도가 더 좋을 것 같아요. 좀 더 들어봅시다.

다시 한번, 수퍼바이저는 계속 질문해 나가는 것이 아니라 공감적인 것이 내담자에게 미치는 잠재력을 지적하고, 수련자가 공감적 반응을 창출하도록 요청함으로써 수련자를 과제에 관여하게 한다.

내담자(동영상): 엄청 스트레스를 받아서 이빨이 갑자기 무감각해지는 느낌이에요. 발끝도 화끈거리는 느낌이고요.

내담자는 상담자의 질문에 반응하고 있지만, 몰입하고 있는 것 같지는 않다. 임상적 실험에 참여하고 있는 것처럼 외적인 목소리와 무표정으로 이야기하고 있다.

내담자(동영상): 하지만 그건 지나가고 다른 느낌이 있어요. 무엇이 이 느낌을 유발하는지 모르겠어요. 특히, 목 주변이 화끈거리는 느낌이 있어요. 이 느낌이 증가하면, 화끈거리는 느낌이 양팔과 등으로 올라와요. 그래서 땀이 나요. 하지만, 지난 2주간 이 느낌에 잘 대처해서 지금은 힘들지 않아요. 이전에는 이렇게 화끈거리는 느낌에 익숙했지만 지난 2주간은 아주 좋았어요. 다행스럽게도요.

치료자(동영상): 그것이 강하든 약하든, 선생님이 계속 대응하려는 무언가가 있네요. 대처하려고 노력하는 것이 있어요.

내담자(동영상): 그래요. 하지만 이전과 같진 않아요.

치료자(동영상): 외로움이 왜 선생님께 그런 영향을 미치는지 궁금하네요.

내담자(동영상): 생각에 잠겨 있기 때문이에요. 혼자가 아니면 괜찮아요.

치료자(동영상): 외로움이 나쁜 생각에 잠기게 하는 이유가 무엇인지요?

이 지점에서 수퍼바이저는 동기를 유발하거나 원인을 찾는 방식의 질문("왜" 질문)과 공감하는 질문의 차이를 다시 지적한다. 그리고, 내담자의 현재 경험을 따라가는 것이 좋겠다고 말하면서 공감적 반응을 모범적으로 보여 주는데, 예를 들면 "지난 몇 주 동안 화끈거림과 같은 신체의 느낌들이 나타나지 않고, 괴롭지도 않네요. 느낌이 훨씬 나아져서 정말 좋았네요."

공감을 증진하는 수퍼비전 이 단락에서 수퍼바이저는 수련자에게 공감적 표현을 강화하고 개선하도록 돕는 예시 방안들을 제공한다.

첫 번째 예시는 중간 수준의 공감 능력을 증진하는 방법을 모색한다. 내담자는 중동 문화권의 42세 엄마이자 주부로, 전통적인 결혼 생활에 갇혀 우울감을 느끼고 있다.

치료자(동영상): 해결 방안이 없다고 느낄 때 어떠신가요?

내담자(동영상): 탈진되는 느낌이에요. 정말 지치는. 아무것도 하지 않고 싶어요.

치료자(동영상): 피곤하신가요?

내담자(동영상): 네, 피곤해요. 지쳤어요.

치료자(동영상): 어떤 것도 할 기회가 없는 것 같은 느낌이네요, 마치 모든 것이 끝난 것 같은?

내담자(동영상): 게다가 일, 시험과 같은 급히 처리할 많은 것들이 있어요.

치료자(동영상): 그래요, 이해해요. 하지만 우리가 선생님 문제의 핵심에 초점을 맞추면 자녀들을 망치는 쪽으로 가게 될 것 같고 또 그것에 대해 뭘 해야 할지 모르겠는 느낌이 드네요. 그리고 그게 너무 피곤하고 진을 빠지게 하고요. 마치 내면에 남아 있는 것이 아무것도 없는 것처럼요.

내담자(동영상): 네, 하지만 그걸 파악해서 정리해야 한다고 늘 생각해요.

치료자(동영상): 네, 이해해요. 그렇지만 그와 동시에 내면에서 그런 메시지를 받을 때는 아주 무겁게 느껴질 것 같네요.

수퍼바이저: 내담자의 내적 경험에 대해 부드럽고 일관된 압박을 유지하시고 있네요. 좋아요.

내담자(동영상): 네, 그건 실패감이에요. 바로 그거예요. 큰 실패예요. 저는 엄청난 실패자라고 느껴요. 어제, 아들이 저와 콘서트에 가고 싶지 않다고 해서 버스를 태워 집으로 돌려보냈어요. 콘서트에 가기 위해 교회 쪽으로 한참을 걸었어요. 하지만 발걸음을 돌렸어요. 왜냐하면, 그 콘서트에 가고 싶었던 것은 저 자신을 위해서가 아니라 아들에게 보여주고 싶었기 때문이었어요. 전 이미 여러 번 봤기 때문에 굳이 갈 필요는 없었어요. 내면에서 엄청 공허함을 느꼈어요. 자식들에 대한 감정이 사라지는 것 같았어요.

치료자(동영상): 실패자 같은 느낌이었네요.

수퍼바이저: 여기에서는 좀 더 세분화된 공감이 좋을 것 같아요. 예를 들면, "마치 공허하고 절망적이고 인정받지 못하는 느낌이네요."와 같이.

수련자: 무엇이 일어났는지 반영하기보단.

치료자(영상): 의욕을 완전히 잃어버린 것 같은 느낌이 드네요. 아이들을 위해 더 이상 아무것도 하고 싶지 않았고요.

수퍼바이저: 네, 좋아요. 좀 더 세분화된 반응을 주었네요.

치료자(동영상): 엄청난 공허함을 느꼈네요.

내담자(동영상): 크리스마스 모임을 취소하고, 그냥 혼자 살고 싶어요.

치료자(동영상): 실패감이네요. 마치 어떻게도 관리할 수 없는 것 같은.

내담자(동영상): 무의미한, 공허함.

치료자(동영상): 공허함. 지금 그것을 느낄 수 있나요?

내담자(동영상): 다행히 저녁에 금방 좋아졌어요. 오랫동안 이렇게 지내야 하나 싶었어요.

치료자(동영상): 무력감, 피로감, 가능성 없다는 느낌 그 이상이네요.

내담자(동영상): 흔들리는 느낌이에요.

치료자(동영상): 흔들리는. 그런 느낌이 들 때 선생님에게 필요한 것은 무엇인가요?

수퍼바이저: 좋아요, 욕구로 가네요.

수련자: 네, 때가 되었다고 느꼈어요.

수퍼바이저: 그것을 아는 것이 좋네요.

내담자(동영상): 대화할 사람이 필요해요. 좋은 사람들이 필요해요. 아니 한 사람요. 좋은 조언을 해 줄 수 있는 사람요.

치료자(동영상): 어떤 지지가 필요한 것 같네요.

내담자(동영상): 네.

치료자(동영상): 그 말을 할 때 어떤 느낌이 드나요?

내담자(동영상): 전 항상 그런 지지를 갈망해요.

치료자(동영상): 누군가가 절실히 그립네요. 의지할 사람이 필요하네요.

수퍼바이저: 여기서 욕구가 표현되는 방식에 주의하세요. 자신이 할 필요가 있다는 것을 강조하는 "나는 지지가 필요해."와 타인이 할 필요가 있다는 것을 강조하는 "나는 날 지지하는 누군가가 필요해." 사이에는 차이가 있어요. 후자는 누군가에게서 오는 포괄적인 욕구를 강조하는 것으로, 근본적으로 다른 사람이 해야 할 필요가 있는 것에 초점을 두

기에 사람을 더욱 무력한 위치에 놓이게 합니다. "누군가가 나에게 무언가를 해줘야 한다."는 것은 개인 치료에서는 성취될 수 없는 것으로, 타인에게 내담자를 지지하도록 요구할 수 없기 때문이에요. "나는 지지가 필요해."는 자신이 필요한 것에 초점을 맞추고, 다른 사람이 나를 위해 무엇을 할 필요가 있는지가 아니라 "내가 지지를 받기 위해 무엇을 할 필요가 있는가"로 이어질 가능성이 높아요.

내담자(동영상): 그게 그 모든 것의 핵심이라고 생각해요. 어머니와 아버지가 그리워요.

치료자(동영상): 마음을 나눌 수 있는 엄마가 그립네요.

수퍼바이저: 내담자의 욕구를 좀 더 구체화하고 있는 것이 좋네요. 그리고 앞서 얘기한 것처럼 타인의 부재에 대해 불평하기보다는 자신의 욕구인 그리움에 초점을 두고 있는 것도 좋고요.

이 지점에서 수퍼비전은 수련자가 내담자의 비언어적 신호와 정서에 공감적 조율을 높이는 데 초점을 둔다.

다음 예시의 내담자는 35세 여성으로 우울 증상이 있는데, 치료 회기에서 어린 시절 성적 침해를 당한 경험에 관해 이야기하고 있다.

내담자(동영상): 아니에요. 아버지의 성적인 행동으로부터 저 자신을 보호할 필요가 있는 것 같아요. 아버지는 믿을 수 없어요.

수퍼바이저: 이것은 미해결 과제 표식이지만 반응하기에는 너무 이르기에 선생님이 하는 것처럼 그냥 알아차리고 공감해 주는 것이 적절한 것 같아요.

치료자(동영상): 어렸을 때 사실 너무 외롭고, 무섭고, 취약했네요.

내담자(동영상): 네?

치료자(동영상): 철저히 혼자였네요.

내담자(동영상): 그랬을까요? 그랬기도 하고 아니었기도 했어요. 모르겠어요.

치료자(동영상): 그래요.

내담자(동영상): 어머니가 저를 만졌을 때 또는 누군가가 저를 만졌을 때, 그것이 성적인 만짐일 수 있다는 내면의 갈등이 있었어요. 머릿속에서 나쁜 생각이 들었고요.

치료자(동영상): 그랬군요.

수퍼바이저: 내담자의 비언어적 요소들이 불편함을 표현하는 것에 주목하세요. “이 말을 하면서 지금 어떤 느낌이 드세요?”라고 물어볼 수 있어요.

내담자(동영상): 이상하고 터무니없었지만 그런 생각을 멈출 수 없었어요. 모든 것이 자연스럽지 않았어요. 도대체 뭐가 뭔지 말할 수조차 없었어요.

치료자(동영상): 상처를 입게 될지 아닐지도 몰랐고, 자신의 감정이 어떤 건지도 제대로 알 수 없었네요.

수퍼바이저: 좋아요. “그래서 무서웠네요.”라는 말을 덧붙여 내담자의 감정에 좀 더 직접 초점을 맞출 수도 있어요.

내담자(동영상): 네.

치료자(동영상): 해를 당하지 않는다는 것을 알았을 때도 그게 선생님에게 좋은 것인지 나쁜 것인지 이해할 수 없었네요.

내담자(동영상): 네. 다들 그런 것 같은… 글쎄요, 누구나 자기 자신을 먼저 생각하겠죠….

치료자(동영상): 알 수 없지요. 그래요.

정서 활성화를 위한 공감 증진하기 다음의 수퍼비전 예시에 나오는 내담자의 호소 문제는 남편과 별거하고 싶지만 할 수 없다고 느끼는 것이다. 그녀는 결혼 15년 차의 35세 주부로 남편의 건강 문제로 인해 자녀는 없다. 남편을 떠날지 말지를 결정하지 못한 상태인데, 예전에는 남편의 어떤 행동도 참을 수 있었지만, 이제는 더 이상 참을 수 없다고 한다. 그녀는 아이를 원하기 때문에, 남편과 별거하고 싶어 한다. 그녀는 부적응적인 죄책감과 결단력 부족 문제를 갖고 있으며 정서를 드러내 보이지 않는다. 말을 할 때는 활기가 없고 억제하는 것 같은데, 주로 "모르겠어요, 아무것도 느껴지지 않아요."와 같은 매우 비구체적인 단어들을 사용한다.

내담자(동영상): 하지만 남편은 자기 가족에게 말할 수 없었어요. 한번은 말했는데, 내 생각엔 뭔가 심각한 일이 있었어요. 남편의 가족 중 한 사람과 티격태격 말다툼이 있었는데, 그 일로 저는 남편 가족을 방문하러 가고 싶지 않았어요. 남편은 가고 싶지 않은 저를 지지해 주었지만, 시아버지는 용인하지 않았어요. 그래서 저는 남편 가족과 늘 함께 있어야 했어요.

치료자(동영상): 이 결혼은 일종의 의무와도 같은 거네요.

수퍼바이저: 내담자가 눈물을 보이네요. 의미를 반영하기보다 그것이 얼마나 고통스러운지를 반영하고 느낌을 탐색하세요.

내담자(동영상): 매일, 매초, 매분 다 기억나요. 항상 그런 날들이었고, 그런 생각들이 머릿속에 계속 맴돌아요. 밤에 계속 울었던 그 시절들이 종종 생각나요. 저는 그런 날들을 계속 살고 있어요.

치료자(동영상): 그 시절에 계속 울었나요? 아니면 이후에 그 시절을 돌아보고 회상할 때 울음이 나나요?

수퍼바이저: 여기서 질문을 하네요. 그 질문은 내담자의 답변을 이끌어낼 거예요. 그리고 내담자는 다음 질문을 기다릴 거고요. 여기선 공감적 추측인 "많이 이용당하고, 소중하게 돌봄받지 못하고, 외롭다고 느꼈겠네요."라고 하는 것이 더 좋아요.

내담자(동영상): 그 당시에도 늘 울었어요. 남편의 가족과 함께 있을 때도 화장실이나 다른 곳에 숨어서 울었어요.

치료자(동영상): 울음에 주의를 집중해 보시면, 울음에 어떤 감정이 있나요? 무엇이 있나요? 어떤 느낌인가요?

수퍼바이저: 이것은 어디까지나 추측이에요. 스스로 그 질문에 답해 보세요. 선생님의 감에 기초해 내담자가 느끼고 있는 것을 추측하고, 그 추측을 하나의 가능성으로서 내담자에게 제안하세요.

내담자(동영상): 전 왜 제 결혼 생활에서 더 노력하지 못하는 걸까요? 저의 부모님에게 더 강하게 반대했었어야 했는데. 약혼했을 때도 전 반대했어요. 남편과 헤어질 생각도 했었죠. 부모님께도 말씀드렸어요. 하지만 되지 않았죠.

치료자(동영상): 처음부터 지금까지 저는 두 가지를 듣고 있어요. 하나는 내가 남편을 사랑했다면, 내가 남편에게 더 애정을 표현했다면, 뭔가 달라졌을지도 몰라. 내가 부모님에게 반대했다면, 뭔가 달라졌을지도 몰라. 내가 왜 그랬지? 이런 말들을 하시네요. 이 말들의 저변에 무엇이 있나요? 혹 자신에게 많은 책임을 돌리고 있나요? 무엇이 있나요?

내담자(동영상): 음, 그래요, 이렇게 또는 저렇게 할 수도 있었을 거라고 말하면서 저 자신을 비난해요. 하지만 한편으론 나는 왜 어떤 것을 할 수 없지, 왜 한 발짝도 내딛지 못하지, 왜 주저하지? 라고 묻고 있어요.

치료자(동영상): 망설이면서 어떤 것도 할 수 없네요.

내담자(동영상): 네. 그리곤 항상 후회해요.

치료자(동영상): 일어난 것에 대해 결국엔 후회하시네요. 부모님이 선생님의 결혼을 결정했을 때, 마음 한쪽에서는 원하지 않았네요. 하지만 반대하면 더 악화될 수 있었구요. 그래서 반대하지 않았고, 부모님이 선생님을 위해 결정했네요.

수퍼바이저: 일어난 일을 돌아보고 있네요. 그 일에 대한 그녀의 감정을 반영할 필요가 있어요. 후회를 탐색적으로 반영하고 구체화하는 것이 더 좋을 수 있을 것 같아요. 예를 들면, "인생을 그냥 흘려보낸 것 같은 느낌이 들고, 하지 않은 것에 대해 상실감과 함께 지금은 자신을 자책하는 그런 느낌이 드네요?"

내담자(동영상): 정확히 그래요.

치료자(동영상): 반대를 하긴 했지만 강한 반대가 아니었네요.

내담자(동영상): 정확히 그랬었어요.

치료자(동영상): 그런 후 당신은 결혼했고, 남편은 자신의 가족들이 당신을 청소부처럼 부리도록 내버려 두었네요.

수퍼바이저: "그게 너무 수치스럽고 슬프고 외롭고 화나게 했네요."라고 덧붙이면 좋겠네요. 문화에 따라 화내는 것, 특히 부모에게 화내는 것은 보통은 어렵다는 것을 알아요. 그래서 화내는 것을 좀 허락할 필요가 있어요.

내담자(동영상): 글쎄요. 남편은 허락하지 않았지만, 아마 남편도 그렇게 해야 한다는 의무감을 느낀 것 같아요. 우리 마을에선 흔한 일이기 때문이지요. 이렇게 될 수밖에 없는.

정동에 대한 조율 증진하기 다음의 수퍼비전 사례에서 수퍼바이저와 치료자는 현재 건물 내부장식 디자이너로 일하고 있으며 결혼한 지 14년이 된 46세 여성과의 회기를 관찰한다. 내담자는 이혼 절차를 밟고 있지만, 이 과정을 어떻게 극복해야 할지 모르겠다고 한다. 그녀는 자신이 실패했다고 느끼고 자신을 비난한다. 어떻게 살아야 할지 모르겠고, 정신적으로 바로 설 수도 없고, 무능력하다고 느끼며, 삶의 에너지를 잃었다고 한다.

내담자(동영상): 네. 숨을 쉴 수가 없었어요.

치료자(동영상): 바로 그 순간에 그것이 계속 반복되는 것 같네요, 그죠? 늘 자신을 제대로 표현할 수도 없고 오해받는 것 같고.

내담자(동영상): 심각해요. 교육 수준이 낮은 사람들은 두 단어를 연결해 자신의 감정을 적절히 표현하는 방법을 모른다는 것 아시죠. 저는 그런 사람은 아니에요. 하지만 전 정직하지 못해요. 왜냐하면, 지쳐서 제 생각을 사람들에게 정확히 말하지 않기 때문이에요. 말을 할 수 없어요. 말한다고 어떤 것이 바뀌지는 않잖아요.

수퍼바이저: 내담자의 목소리를 들어보세요. 질문하는 듯한 어조이지만 불평을 하고 있어요. 슬픔과 분노로 다가갈 필요가 있어요. 지금 무엇을 느끼는지 내담자에게 물으세요.

치료자(동영상): 음, 무엇이 말을 하지 못하게 막나요? 말한다고 아무것도 바뀌지 않기 때문인지요, 아니면? 당신의 생각과 감정을 있는 그대로 표현했다고 가정해 봅시다. 그러면 무엇이 일어날까요?

내담자(동영상): 한 가지 이유는 제가 받을 반응이 두려워요… 처음부터 이야기하면, 버스를 기다리고 있었는데 버스가 오지 않아서 남편에게 전화를 걸고 또 걸었는데 남편 전화기는 통화 중이었어요. 1분 동안 20번이나 전화했어요. 남편이 통화를 마치기를 바라면서요. 누구와 얘기하고 있었는지 모르지만, 분명 중요한 일이 있었어요. 전화 통화를 끊게 하려고 20번이나 전화를 걸었어요. 아이폰은 전화를 몇 번 걸었는지 표시해 줘요. 마침내 남편이 전화를 받았어요. 그 순간 저는 미쳐버릴 것만 같았어요. 많은 것이 머릿속을 지나갔어요, 내가 남편을 얼마나 필요로 하는지, 남편의 수

다를 멈추게 해야 하는데, 어떤 중요한 일이 있구나, 이런 생각을 했어요. 처음엔 좌절감이 들었어요.

치료자(동영상): 그러고선 실망했네요. 절박하고, 외롭고요. 남자들은 꼭 깡패처럼 모여서 헛소리만 떠들어 대고요. 남자들은 시내버스 운행을 막는 것은 불법이니 뭐니 말하고요. 엄청난 무력감과 외로움을 느끼시네요.

수퍼바이저: 내담자의 불평하는 목소리를 경청하세요. 분노와 슬픔을 포착하세요.

내담자(동영상): 네.

치료자(동영상): 그리고 도움을 요청하셨네요.

내담자(동영상): 네.

치료자(동영상): 남편이 수술하러 가고 있었다고 말하면서 친구를 보내겠다고 했을 때, 거절당한 느낌이 들었는지요?

수퍼바이저: 예 또는 아니요 답변을 요구하는 질문을 하는 대신 공감적 반영이나 추측을 제공하세요.

결론

이 장에서는 수퍼비전의 첫 번째 핵심요소인 대인관계 측면에 초점을 두었다. 수퍼비전은 수퍼바이저와 수련자 간의 동맹 및 수련자와 내담자 간의 동맹에 초점을 맞출 필요가 있다. 다음 장에서는 EFT 수퍼비전 모델의 좀 더 기법적인 측면(사례 공식화, 표식 식별, 과제 촉진)에 대해 탐색한다.

5장

수퍼비전에서 공통되는 기법 문제 다루기

실패는 잃는 것이 아니라 배우는 것이다. 실패는 수치가 아니라 성장이다.

-Kevin Ashton

기술이 꿈을 현실화한다.

-Emi Iyalla

정서중심치료(EFT)에서는 수련자를 기법적으로 돕는 과정에서 종종 어려움이 발생한다. 왜냐하면, 수련자들은 내담자의 내적 처리를 촉진하려는 자신의 노력에도 진전이 없으면 빨리 낙담하면서 과정을 따라가거나, 정서를 공감적으로 조율하거나, 정서를 촉발하는 개입들이 제공하는 이점들에 의문을 제기하고, 문제 해결과 조언 제공 쪽으로 끌리기 때문이다. 좀 더 구체적으로 말하면, 어려움은 종종 개입을 실행하는 영역에서 발생한다. 배워야 할 많은 복잡한 개입법과 미세 기술들이 있다. 수퍼비전은 수련자가 치료 모델에 부합하는 방식으로 개입을 실행하면서 겪는 어려움을 다루는 데 초점을 맞춘다. 이는 필수적인 것으로 구체적인 개입 과정이 더 나은 치료 결과를 예측하는 것으로 밝혀져 왔기 때문이다(Greenberg, 2010). 수련자가 정서에 대한 두려움을 극복하고 공감과 정서를 촉진하는 개입을 사용하는 데 장애가 되는 요소를 극복하도록 돕는 것이 중요한데, 일부 수련자에게 이것은 해결책에 충분히 초점을 두지 않는 것처럼 보일 수도 있다. 또한 수련자가 권위적인 자세보다는 탐구적이고 발견 지향적인 자세를 유지하도록 돕는 것도 중요하다. 달리 말하면, 과정 지향적 자세를 전반적으로 유지하는 것은 수련자가 기법적으로 더 숙련되는 데 종종 도움이 된다. 과정 지향적이고, 순간에 집중하며, 내담자의 정서적 맥박에 손을 올려두는 것이 무엇을 의미하는지를 직접 보여 주는 것이, 수련자가 과정을 따라가는 태도를 개발하는 데 도움이 되는 최고의 방법이다. 이것은 치료의 녹화자료들에 경청하는 것과 매 순간 따라가며 수련자를 가르치는 방식으로 되어진다.

이 장에서 우리는 사례 공식화, 치료적 개입의 개념화와 실행, 수련자에게 맞는 기법적 측면을 개별화할 때 발생하는 수퍼비전 과정상의 어려움에 관해 설명한다. 첫 번째로 논의되는 영역은 사례 공식화의 어려움이다.

사례 공식화의 어려움: 표식, 작업 환경, 치료과정과 해결

수퍼비전 중에 사례 공식화 어려움 표식이 분명해지는 경우는 수련자가 내담자의 핵심 정서 도식을 이해하는 데 명확하지 않고 “막힌" 느낌이 들거나 무엇인가 놓치고 있다고 느낄 때이다. 수퍼비전 **과제 환경**에는 수퍼바이저와 수련자 간의 일련의 상호작용이 포함된다. 구체적으로 공식화를 명료화하기, 개념적 수준에서 내담자의 핵심 정서와 핵심 정서가 대인관계 주제에서 하는 역할을 이해하기, 그리고 공식화하기가 포함된다. 공식화 과정에서 수퍼바이저는 수련자가 더 구체적이고 상황에 맞는 방식으로 공식화를 설명하거나, 공식화를 설명할 수 있는 회기 내의 예시들을 식별하도록 돕는 질문을 할 수 있다. 또한 수퍼바이저는 수련자에게 다음 수퍼비전 회기 전에 내담자에게 공식화를 설명하는 방안을 적어 오도록 요청할 수 있으며, 다음 치료 회기 전에 이를 수퍼바이저와 함께 검토할 수도 있다. 과제의 **해결**에는 사례 공식화에 대해 수련자의 명확한 이해, 내담자의 핵심 정서 도식과 주제에 대한 이론적 이해의 증진 및 내담자에게 이해한 바를 전달하고 초점을 제공하는 좋은 방안의 도출이 포함된다. 사례 공식화의 어려움을 다루는 과제에 포함된 단계들(표식, 과제 환경, 과정, 해결)은 〈표 5.1〉에 더 자세히 제시되어 있다.

사례 공식화 어려움의 수퍼비전 예시

다음 예시는 석사 학위를 소지하고 EFT에 대한 교육을 다소 받은 치료자의 사례이다. 내담자는 교육학 학사 학위를 소지한 유치원 교사이다. 그녀는 현 증상이 보이기 전에 두 번이나 심한 우울증을 앓았는데, 두 번 모두 아직 연인 관계로 들어가지는 않았지만, 감정을 갖게 된 남자가 떠난 후였다. 내담자는 이전에 한 차례 치료를 받았는데, 치료자가 그녀에게 자신을 잘 추스르고 관계를 다시 시도할

표 5.1 사례 공식화의 어려움 과제

사례 공식화 어려움 표식	과제 환경	수련자 처리 과정	해결
수련자는 불분명하고, "막힌" 느낌이 들거나, 내담자의 핵심 도식과 도식의 영향을 이해하는 데 있어 어떤 것을 놓치고 있음	어려움 명료화하기: 수퍼바이저는 수련자의 "막힌" 느낌이 있는 곳을 명료화하고 이해하기 어려운 것을 이해하려고 함 개념적 이해: 수련자는 내담자의 어려움에 대해 자신이 이해하는 바를 설명하도록 요청받음; 수퍼바이저는 수련자가 개념적 수준에서 내담자의 작동 모델을 이해하도록 조력함 과제 탐색: 수퍼바이저와 수련자는 내담자의 핵심 도식에 관해 대화 나눔; 수퍼바이저는 수련자가 내담자의 핵심 고통이 무엇인지에 대한 감을 탐색함; 수퍼바이저는 내담자의 정서 도식을 이해하는 과정과 내담자의 경험이 갖는 부적응성을 보다 구체적인 수준에서 안내함	내담자의 경험 진술에서 상황적 맥락이나 괴로움과 고통이 동반된 예시를 더 많이 제공함 조각난 정보를 들으면서 일차 정서와 이차 정서를 식별하고, 적응적 정서와 부적응적 정서를 구별함 핵심 감정, 서사적 이야기 및 관계 주제를 파악함 공식화를 글로 적음	수련자는 내담자의 핵심 정서와 이것이 내담자의 핵심 갈등 관계 도식에 어떤 역할을 하는지에 대한 이론적 이해를 증진함 수련자는 사례 공식화에 대해 더욱 명확하게 느끼고, 매 순간의 과정을 도식적인 이해로 압축할 수 있음

수 있는 동기를 부여했기에 자신의 증상이 호전되었다고 생각했다. 현 증상 발생의 결정적인 사건은 최근에 인터넷 데이트를 통해 만난 남자가 관계를 단절한 것이다. 그녀는 그 남자에게 큰 매력을 느끼지 못했는데, 그와 관계를 시작한 일차적인 동기는 몰입할 어떤 것이 필요했고 인터넷 데이트에 대해 배우기 위한 것이었다. 하지만 관계가 끝난 후 그녀는 심한 우울증에 빠졌다. 내담자는 이번이 세 번째 연애 실패인 만큼 자신에게 뭔가 큰 문제가 있는 게 틀림없으며 희망이 거의 없다고 느꼈다. 그녀는 직장에 몇 달간 병가를 내고 있었다. 그녀는 지적으로는 잘 기능하고 있었고 어려운 감정에 직면할 때는 주지화하는 경향이 있어 보였다. 치료자는 처음 두 회기 동안 내담자의 배경을 파악하는 데 집중하였고, 기본적으로 공감하며 내담자를 따라갔는데, 이러한 반응으로 내담자는 조금씩 마음을 열게 되었고 기분이 나아졌다.

수퍼비전 첫 회기에서 수련자는 내담자에 대한 배경 정보를 제공한 후, 내담자를 어떻게 조력할지 모르겠다며 회기 녹화 테이프를 재생한다. 수련자의 어려움은 개입의 초점을 찾는 것에 있다. 수련자는 첫 회기에서 내담자가 자신의 가정은 사랑이 많은 부모님이 있는 매우 좋은 가정이라고 설명했다고 수퍼바이저에게 말한다. 그러나 둘째 회기에서 내담자는 어머니가 늘 걱정을 너무 많이 한다고 느꼈고, 이것이 내담자에게는 어머니가 걱정하지 않고 편안해하는 일만 해야 한다고 느끼게 했다고 하였다. 내담자는 이로 인해 갇힌 느낌이 듦과 동시에 죄책감도 느낀다고 말했다. 날개가 잘린 새처럼 갇힌 기분이 든다는 내담자의 말이 치료자에게 매우 가슴 아프게 다가왔다. 내담자는 집중된 목소리로 잠시 멈추고 망설이더니 한숨을 내쉬며 죄책감을 느낀다고 하였다.

수련자와 수퍼바이저는 치료 회기 동영상을 함께 시청하는데, 내담자의 갇힌 느낌이 두드러지자 수퍼바이저는 수련자에게 내담자에게 가장 중요한 것이 무엇이라고 생각하는지 묻는다. 수련자는 죄책감이라 생각한다고 답한다. 수퍼바이저는 죄책감도 중요하지만, 어머니와의 미해결 과제가 있다고 말한다. 수퍼바이저가 수련자에게 가장 가슴에 와닿았던 것이 무엇인지 묻자, 수련자는 내담자가 갇힌 느낌이 든다고 말한 어투라고 답한다. 수퍼바이저는 갇혀 있는 느낌을 표현하는 내담자의 목소리와 표정이 자신에게 어떻게 가슴 아프게 들렸는지 설명한다. 이 느낌을 따라가면 핵심 정서 도식과 궁극적으로 사례 공식화에 이르게 된다. 치료 회기 후반부에서 내담자는 자신이 35세임에도 진정한 연애 경험이 없는 것에 대해 슬픔을 표현했고, 자신은 삶에서 무엇을 하든 별 관심이 없고, 하루의 대부분을 침대에 누워서 지낸다고 말하면서 절망감을 느끼기 시작했다. 수퍼바이저와 수련자는 내담자의 절망감은 이차적인 증상적 정서이며 내담자가 저변의 핵심적인 고통스러운 정서에 도달하고 정체감을 형성하도록 도울 필요가 있음을 논의하였다.

수퍼바이저와 수련자가 적합하다고 동의해 구성한 첫 번째 공식화는 내담자는 누구도 자신을 사랑해 줄 수 없다고 보기에 절망감을 느끼고 있으며, 마음 깊은 곳에 자신은 사랑받을 수 없다고 느낀다는 점이었다. 현 공식화 과정에서 볼 때, 내담자의 사랑받을 수 없다는 느낌이 관계가 단절되었을 때 느끼는 불안이나 불안전함에 더 가까운지, 아니면 수치심에 기반한 무가치감에 더 가까운지는 명확하지 않았다. 내담자와의 또 다른 회기 후에, 수퍼바이저와 수련자는 공식화를 좀 더 포괄적으로 재구성하였다. 내담자는 이해할 수 없는 이유로 자신이 관계에서 철회하는 것을 알게 되면서 아주 절망감을 느끼는 반면, 자신이 관심과 즐거움이라는 생기있는 감정을 따르게 되는 경우엔 혼란스럽고 불안전함을 느낀다는 점이다. 따라서 내담자는 자신의 정서를 정보로 활용할 수 없는 것처럼 보였다. 내담자와 어머니의 관계는 아직 명확하지는 않지만 아주 역동적인 것이 분명해졌다. 따라서 수퍼바이저와 수련자는 미해결 과제에 대한 명확한 지표가 내담자와의 회기에서 드러날 때까지 수련자는 기다려야 한다는 점과 내담자가 자신이 감정을 주지화한다는 것에 주목하도록 하는 것이 가장 중요하다는 점에 동의하였다.

넷째 회기가 끝날 무렵, 내담자와 치료자는 내담자의 고통을 따라갔는데, 내담자의 핵심 부적응적 정서는 근원적인 불안전함임을 포착하였다. 이것은 자신이 스스로 줄 수 있는 것보다 내담자로부터 더 많은 지지가 필요했던 불안한 어머니의 지지 결여에서 비롯된 것이었다. 수퍼바이저와 수련자가 아주 명료화하게 이해한 것은, 내담자는 어릴 때 어머니를 불안하게 할 수 있는 그 어떤 것도 회피해야만 했던 경험과 관련된 불안한 불안전감으로 고통을 받았다는 점이다. 그리고 이것이 내담자를 조심스럽고 수줍어하게 했고 위험을 감수하기보다 물러서도록 만들어 왔다는 점이었다. 만약 내담자의 죄책감이 더 강렬하고 지속적이었다면, 치료과정은 불안한 불안전감에 대한 작업보단 어머니에 대한 미해결된 분노의 자기 방해에 대한 작업으로 전개되었을 수도 있다.

개입의 어려움: 표식, 작업 환경, 치료과정과 해결

EFT 수퍼바이저가 수퍼비전에서 종종 직면하는 개입의 어려움에는 몇 가지 범주들, 즉 개념화의 어려움, 지각하고 경청하고 따라가기의 어려움 및/또는 실행 또는 개입의 어려움(즉, 무엇을, 어떻게, 언제 개입할지)이 있다. 다음 단락에선 이러한 범주들이 다양한 수퍼비전의 기술적 어려움에 대한 예시와 함께 제시된다.

개입과 관련된 개념적 어려움의 수퍼비전

수련자는 개입을 개념적 수준에서 이해할 필요가 있다. 예를 들어, 두 의자 대화의 목적은 비판적인 목소리를 활성화해 체험을 촉발하고 미해결 과제 작업을 통해 정서 처리를 돕는 것이다. 이것은 실제 상황에서 상대방과 대화하는 방법을 연습하는 역할극이 아니다. 덧붙여, 수련자는 다양한 개입 과정에 대한 단계들을 전체적으로 이해해야 하는데, 이는 교육과 독서를 통해 이루어진다. 수퍼비전에서 개념적 이해의 어려움 과제를 다루는 방법에 관한 기술은 〈표 5.2〉에 제시되어 있는데, 개념 이해의 어려움 표식, 과제 환경, 수련자의 처리 과정 및 해결이 포함되어 있다.

표 5.2 개념 이해의 어려움 과제

개념 이해의 어려움 표식	과제 환경	수련자의 처리 과정	해결
수련자는 EFT의 과제에 대한 개념이나 절차(예: "나는 왜 비판자를 활성화하고 있지? 정서를 제거하고 싶은 것은 아닌가?")에 관해 확신이 없거나 명확한 이해의 결여를 표현함	어려움 명료화하기: 수퍼바이저는 다음 영역에서 개념적 이해의 어려움을 경청함: 개입의 구조, 개입 단계의 순서, 적절한 처리 과정을 활성화하는 방법, 정서를 심화하는 방법, 정서를 조절하는 방법 이해하기 개념적 이해의 어려움 작업하기: 수퍼바이저는 EFT의 이론적 배경 및 연구 기반의 배경을 반복해 알려주고 간과된 이론적 요소들을 제공함; 수퍼바이저는 수련자에게 일화 사례를 제공하고, 좋거나 나쁜 개입 예시를 담은 녹화물을 수련자와 함께 점검함; 수퍼바이저는 회기의 일부를 경청하고 피드백과 사용 가능한 다양한 개입 예시를 제공함; 수련자는 수퍼비전 회기 밖에서 부족한 지식을 채우도록 요구받음	개념적 이해 어려움의 주요 영역을 명료화함 배경이 되는 이론적 정보를 점검하고 추가적인 참고문헌과 독서 자료, 아이디어 등에 대해 노트함 자신과 타인의 치료적 개입을 살펴보고, 어려움을 식별하며, 좀 더 적절한 다른 개입방법에 대해 명료화하는 질문을 함 치료자의 수행과 개입을 관찰하고 조언함 좀 더 숙련된 치료자들이 실시한 치료적 개입 녹화물을 시청함	수련자는 개념이나 이론적 모델에 대해 더욱 명료한 느낌 가짐 수련자는 개념과 관련된 책과 임상적 사례를 통해 지식을 확장함

개입과 관련된 인식하기, 경청하기, 따라가기 어려움의 수퍼비전

경청과 따라가기 어려움의 표식, 과제 환경, 수련자의 처리 과정 및 해결이 〈표 5.3〉에 기술되어 있다. 수련자가 너무 많은 단서를 놓치거나 표식의 출현을 인식하지 못하는 지각 문제 표식을 확인한 후, 수퍼바이저는 수련자와 과제 탐색에 참여한다. 수퍼바이저는 녹화된 회기의 일부를 듣고 순간순간 멈추는 방식으로 시작한다. 수퍼바이저는 수련자에게 다른 가능한 우려들은 일단 제쳐놓고 주의를 집중해 내담자가 보이는 미세 표식을 식별하도록 격려한다. 미세 표식이란 개입의 기회가 될 수 있는 내담자의 순간적인 표현이나 행동의 관찰이다. 예를 들어, 한숨, 찡그린 얼굴, 또는 가슴에 와닿는 말은 내담자가 자신의 현재 경험에 주의를 기울이도록 안내할 기회이다. 내담자가 매 순간 어떤 경험을 하고 있는지 상상하면서, 내담자가 체험하고 있는 것과 체험을 처리하는 스타일을 포함해 내담자의 다양한 미세 표식을 식별한다.

경청과 따라가기 어려움 표식은 다음과 같은 요소들로 구성될 수 있다. 수련자가 대화의 내용보다 내담자의 체험에 계속 조율하는 자신의 능력에 염려를 표하거나, 어떤 순간에 내담자에게 무슨 일이 일어나고 있는지 이해하지 못하거나, 저변의 정서를 "듣는"(즉, 내담자 체험의 핵심을 포착하는) 데 어려움을 갖는 경우다. 수퍼바이저도 이것을 알아차릴 수 있다. 표식이 식별된 후, 수퍼바이저는 수련자에게 귀를 기울이고 수련자가 힘들어하는 것을 명확히 한다.

표 5.3 지각하기, 경청하기, 따라가기 어려움에 대한 지도를 요청하는 수련자

경청과 따라가기 어려움 표식	과제 환경	수련자의 처리 과정	해결
수련자는 조율하며 머물기, 내담자에게 무엇이 일어나고 있는지 이해하기, 정서를 "듣기", 또는 내담자의 핵심 경험을 포착하기와 관련된 염려들을 표현함	어려움 명료화하기: 수퍼바이저는 다음 영역의 어려움을 들음: 내담자의 미세 표식 인식하기, 특징적인 스타일 표식 인식하기, 상호작용 방식 인식하기, 주요 과제 표식 식별하기 및 처치의 초점 지표들을 식별하기 과제 탐색: 수퍼바이저와 수련자는 녹화된 회기의 일부를 듣고 순간순간 멈춤; 수퍼바이저는 경청하는 동안 다른 염려들은 제쳐두고 주의를 집중해 내담자가 보이는 표식을 찾기; 내담자의 경험과 처리 스타일과 함께 내담자의 다양한 표식들이 식별됨 치료적 반응 연습하기: 수퍼바이저는 여러 방법을 사용해 수련자가 도움이 되는 반응을 하면서 내담자를 따라가도록 돕기	"내담자이기" 즉, 내담자의 상태를 경청하면서 내담자가 경험하고 있는 것을 정서적으로 자각하는 것을 연습하기 다양한 치료적 표식을 경청하고 식별하기를 연습하기 초점을 발달시키기 체험 척도와 정서 각성 척도를 사용한 다른 치료 예시들에 익숙하고 분석/평가하기 치료 사례들을 검토하고 내담자의 정서적 생산성(주의 기울임, 상징화, 일치성, 수용, 조절, 주체성, 분별)을 평가하기 내담자의 정서적 자각과 상징화를 촉진하는 치료적 반응들 연습하기 정서조절의 어려움을 다루는 개입들을 연습하기	수련자는 명확한 초점을 발달시키고 내담자의 표식들을 명료화하고 식별할 수 있음 수련자는 자신의 경청 기술을 더욱 복잡한 상황들에 일반화할 수 있음 수련자는 내담자의 표식들에 더욱 효율적으로 반응함

개입과 관련된 실행의 어려움 수퍼비전

다양한 형태의 공감과 정동에 대한 공감적 조율을 넘어서는 좀 더 고급 수준의 개입방법(예: 의자 작업, 심상화)을 발달시키는 것은 수련자에게 EFT와 관련된 다양한 치료 과제를 처리하는 방법에 대한 도구를 제공한다. 실행의 어려움 표식은 이후에 무엇을 어떻게 할 것인지와 관련된 수련자의 명시적/암시적 염려의 양태로 나타난다. 수련자는 어느 부분에 막혀서 내담자를 더 이상 도울 수 없다고 느끼거나, 기법이 부족하거나, 어떤 방향으로 가야 할지를 결정하지 못할 수 있다. 예를 들어, 수련자가 내담자의 말을 경청하고 공감적으로 반응하는 능력은 잘 갖추고 있지만, 특정 내담자와는 진전이 없는 것 같아 다음에 무엇을 "해야 할지" 모르겠다고 수퍼바이저에게 토로하는 수련자 경우, 다양한 치료적 과제들과 관련된 세부 단계들을 시범적으로 따라서 하고 연습함으로써 자신의 기존 기술을 발달하도록 지도받게 된다. 이 경우, 수퍼비전 표식은 수련자가 처치 과정에 갇혀 있는 느낌이다. 따라서 구체적인 수퍼비전의 필요성이 분명해지는데, 내담자가 새로운 대처방법을 배우도록 돕는 방법을 수련자가 배우는 것이다. 수퍼바이저와 수련자 간의 서로를 존중하는 대화는 학습을 촉진하는 대표적인 작업 환경이다. 모든 개입이 지닌 목표 중 하나는 핵심 정서 도식에 접근하는 것이다. 따라서 수퍼바이저는 수련자가 정서를 활성화하는 기술을 발달하도록 돕기 위해 종종 개입한다. 실행의 어려움 표식, 작업 환경, 수련자의 처리 과정 및 해결은 〈표 5.4〉에 기술되어 있다.

표 5.4 수퍼비전에서 실행의 어려움 과제

실행의 어려움 표식	과제 환경	수련자의 처리 과정	해결
수련자는 다음에 무엇을 해야 할지, 어떻게 해야 할지와 관련된 염려를 표현함; 수련자는 "막힌" 느낌이나 내담자를 도울 수 없거나, 기법을 모르거나, 어디로 가야 할지 결정하지 못하는 느낌을 얘기함	어려움 명료화하기: 수퍼바이저는 공감에 기반을 둔 관계의 재처리나 재실연 과제와 관련된 수련자의 어려움 호소에 조율됨 과제 탐색: 수련자는 특정 치료 과제의 어려움을 구체적인 예를 들어 제공하도록 요청받음; 수련자와 수퍼바이저는 회기 한 부분에 주의를 기울이면서 두 사람 중 한 사람이 어려움을 지적할 때 잠시 멈춤; 수련자는 옳고 그름이 아닌 "할 수도 있는"이란 용어를 사용하며 작업함; 어떤 과제의 구체적인 어려움에 주의의 초점이 맞춰짐; 수련자와 수퍼바이저는 수련자의 수행(무엇이 실행되었는지)과 특정 과제와 그 세부 단계의 어려움을 매 순간 탐색하면서 통합함; 수퍼바이저는 어떤 잠재적인 치료적 막힘이 있을 때 수련자의 경험을 심화함 치료적 반응 연습하기: 수련자는 다양한 개입 대안들에 관해 생각하도록 요구받음; 수퍼바이저는 다양한 방법을 사용해 수련자가 다른 반응과 개입을 연습하도록 도움	맥락을 도출하기 위해 사례 공식화를 요약함 내담자의 핵심 정서와 주된 치료적 초점을 재진술함 치료 회기의 한 부분을 경청하면서 어떤 어려움이 분명해질 때는 언제든지 멈춤 다음 회기를 위한 다양한 잠재적 개입들을 요약하고 계획함 시도된 새로운 개입의 결과로 돌아가서 능숙함과 유창함이 성취될 때까지 수퍼바이저와 결과를 점검함 구체적인 치료 과제에 대해 배우고 개입 단계에 대한 이론적 이해를 공고히 함 수퍼바이저가 제안한 특정 치료 과제에 관한 예시 동영상을 시청함	수련자는 다양한 개입을 사용하면서 점차 능숙, 능란해짐

개입의 어려움에 대한 수퍼비전 예시

이 단락에서는 EFT 수퍼비전에서 발생하는 몇 가지 주된 어려움의 예들을 제시한다. 먼저 수련자의 자기비판과 정서 심화에 대한 두려움에 관한 논의로 시작한다. 이어서 수련자가 종종 어떻게 반응해야 할지 몰라 힘들어하는 내담자의 수치심 개방을 다룬다.

수련자의 자기비판

개입에 관한 수퍼비전에서 발생하는 주된 어려움 중 하나는 수련자의 불안이나 자신감 부족이다. 이것은 유능함에 대한 자기 의심과 자기비판으로 이어져서 학습, 특히 경험을 통한 학습을 방해한다. 사회적 불안을 가진 31세 남성 내담자와의 회기에서 수련자는 내담자의 마음을 내면으로 돌리는 데 자신이 어려움을 겪고 있다고 느꼈다. 수퍼바이저와 수련자는 치료 회기를 들으면서 치료자가 처리 과정을 심화할 많은 기회들을 놓쳐온 것을 보았다. 수련자가 주목한 한 지점이 있었는데,

> 여기서 수치심과 그 느낌에 더 집중했어야 했어요. 이 특정 지점에서 발생한 것은 머릿속으로 의자 작업을 할지 말지를 고민하고 있었는데, 이것이 초점을 흐트러뜨렸어요. 그래서 저는 내담자를 내면으로 이끄는 것을 훨씬 더 잘해야 할 필요가 있음을 알아요. 내담자의 목소리 톤이 말의 내용과 너무 일치하지 않을 때 제가 어떻게 반

응해야 할지 혼란스러워하는 경우가 가끔 발생해요.

여기서 우리는 수련자의 자기비판 이슈가 드러나는 것을 볼 수 있는데, 이것은 유능하고 민감하게 반응하는 치료자에게도 종종 일어난다. EFT 수퍼비전에서, 수퍼바이저는 불안을 정상화하고(약간 유머를 섞어 "완벽하기는 어렵죠, 어쨌든 완벽한 방법이란 없지요.") 치료자의 역량을 인정하는("잘하고 있어요!") 방식으로 조언을 한다. 자기비판이 계속되면 수퍼바이저는 수련자의 자기비판을 조금 탐색하면서 자기비판 대화의 초기 단계를 인지적 수준에서 진행하는데, 이는 수련자가 하고 있는 것을 짚어주기 위해서이다. 그러나 수퍼바이저는 수련자 내면의 수치심 경험이나 그 기원에 초점을 맞춰 치료적 작업을 한다거나 두 의자 대화를 실행하지는 않는다. 왜냐하면, 수퍼비전 계약은 이 시점에서는 개인 작업을 목표로 하지 않기 때문이다. 만약 조언을 할 수 있는 상황이면, 수퍼바이저는 개인 작업을 통해 도움을 받을 수 있다고 느끼는지 수련자와 논의하고, 개인 작업을 하는 방법과 함께 필요한 경우에는 치료자를 소개해 주는 것도 의논할 수 있다.

수퍼바이저는 치료에서 막힐 가능성이 있는 지점들이 있을 때, 수련자의 경험에 관한 체험적 작업을 할 수 있다. 만성적인 막힘이 있을 때, 수련자와 두 의자 작업을 하는 경우도 때론 있지만, 막힘을 공감적으로 탐색해서 수행 불안이나 개념적 혼란을 다루는 작업을 더 자주 한다. 예를 들어, 두 의자 대화를 배울 때 수련자는 내담자의 상반된 두 측면 간의 대화를 시작하고 분열을 심화하는 것에 불안감을 표현할지 모른다. 여기서 수퍼비전 상호작용 과정에는 좀 더 구체적인 용어로 어려움을 탐색하고(회기에서 어떤 일이 일어났는지 탐색), 어려움을 다루며(예: 내담자에게 어떻게 두 의자 작업을 소개할 것인지와 같은 치료자가 배우기를 원하는 것을 명확히 하기; 내담자의 체험작업에서 분리와 접촉을 창출하기; 내담자가 일차적인 감정에 접근하도록 돕기), 수련자의 어려워하는 느낌을 심화하거나(예: 수련자의 혼란스러움과 "치료적 막힘"을 다루고 이해하기), 두 의자의 양측을 설정하는 방법을 제시하는 것이 포함된다.

심화하기에 대한 두려움

반복해 마주하는 큰 어려움은 내담자의 가장 고통스러운 감정으로 들어가서 처치 과정을 심화하는 것에 대한 수련자의 불안인데, 다음의 예에서 다루어진다.

회기 테이프를 경청하면서 치료자에게 분명해지는 것은, 내담자는 자신을 고통스러운 곳으로 들어가도록 허락하면서도 갇혀서 빠져나오지 못하거나 회기 후에 자신을 추스르거나 통제하지 못할 것에 관한 두려움을 느끼는 것과 더불어 주변에 자신을 도와줄 사람과 "안전망"이 없어서 고립감을 느끼게 될까 봐 갈등을 많이 한다는 점이다. 따라서 내담자의 자기 방해 과정이 자신의 보호막을 내려놓고 치료과정에 깊이 몰입하는 것을 막는다는 것이 분명해졌다. 치료자는 내담자를 "밀어붙이는" 것에 대해 주저함을 느끼고 도움을 청하고 있었다. 수퍼바이저는 내담자를 밀어붙이기를 주저하는 수련자의 마음을 공감적으로 탐색하는데, 사실 이 주저하는 마음은 내담자에게 다른 의자로 이동해 고통을 만나지 못하게 하는 자기 방해 작업을 실행하도록 하는 것과 관련된다.

수련자는 동맹의 균열에 대한 두려움, 내담자를 잃을 것에 대한 두려움, 그리고 내담자가 고통을 견딜 수 있을지에 대한 불안을 분명하게 말로 표현하였다. 수퍼비전에서 종종 발생하는 중요한 문제는 수련자가 고통스러운 정서를 두려워하는 것이다. 수퍼바이저는 내담자의 경험을 심화시키는 것에 관한 반대급부가 없는지 점검한 후, 수련자의 두려움을 먼저 타당화할 필요가 있다. 그런 다음 수퍼바이저는 수련자가 그 정서를 피하기보다 그 정서에 머물도록 안내함으로써 수련자가 자신의 회피를 극복할 수 있도록 조력할 필요가 있다. EFT 슈퍼비전은 수련자가 자신이 정서를 두려워함을 알아차리게 돕고, 두려움을 멈추도록 가르치며, 자신의 정서를 인내하는 것을 배우도록 격려하는 데 초점을 맞춤으로써, 내담자가 자신의 정서를 인내하도록 도울 수 있다. 하지만 EFT 수퍼바이저는 수련자의 고통스럽고 두려운 정서가 활성화되게 하지는 않으며, 수련자가 체험적 수련의 맥락에서 이 정서를 살펴보게 하거나 치료자와 작업하게 한다.

결과적으로 수련자는 자기 자신의 두려움을 극복함으로써 내담자가 고통을 마주하도록 도울 뿐 아니라 두려워했던 것과 같이 무너지지 않는다는 것을 경험하도록 도울 수 있다. 이것은 순환적인 과정으로 치료 회기에서 정서에 머무르고 심화하는 것의 두려움을 극복할 수 있는 수련자의 능력은 다시 내담자가 자신의 두려움을 극복하도록 돕는다. 물론 고통스러운 정서에 얼마나 빠르고 직접적으로 또는 느리고 덜 직접적으로 접근하고, 이를 견뎌내고, 수용할 수 있도록 할 것인지에 대한 판단은 해야 한다. 여기서 심리 교육은 두 가지 차원, 즉 수퍼바이저에게서 수련자로, 다시 수련자에게서 내담자로 전달된다는 이점이 있다. 그러나 훨씬 더 중요한 것은, 수련자가 내담자에게 고통스러운 감정을 직면하도록 도울 수 있는 가장 좋은 방법은 수련자가 자신의 고통스러운 정서를 직면했고 또 이를 극복했으며 극복하는 방법을 경험했느냐는 것이다. 수련자가 정서를 다루는 방법을 배우고 내담자도 똑같이 정서를 다루는 것을 배울 수 있도록 돕는 용기를 줌에 있어 결정적인 것은 체험적 배움이다. 앞서 언급되었듯이, 이것은 보통 수퍼비전의 외부 장면에서의 수련자 훈련이나 치료를 통해 이루어질 필요가 있다.

수치심 다루기

수련자에게 한 가지 큰 어려움은 내담자가 수치스러운 경험을 처음으로 개방한 후에 어떻게 치료를 진행하느냐이다. 한 예시에서 수퍼바이저는 수련자에게 다음 회기에서 수치스러운 경험에 대해 회피하지 않고 이야기하는 것의 중요성을 언급한다. 왜냐하면, 회피하는 것은 그 경험이 너무 수치스러워 이야기할 수 없음을 확인하는 것이기 때문이다. 수퍼바이저는 수련자에게 다음 회기에서 내담자가 가족의 규율을 깨고 부모의 성적 행동, 노출, 포르노 활동에 대해 말할 만큼 치료자를 믿어줘서 얼마나 기쁜지 내담자에게 말하도록 제안한다. 다음 회기에서 치료자는 수치스러운 경험을 다시 꺼내어 내담자와 함께 그 경험을 처리하는 작업을 계속할 수 있었다. 이 모든 것은 내담자에게 정서적으로 어떻게 영향을 미쳤는지를 내담자가 이야기하도록 한 치료자의 노력에 대한 반응으로, 내담자는 자신이 매우 막혀 있다고 느낀다고 털어놓았다. 내담자는 "그건 존재하지 않는다."라는 메시지를 평생 받아왔기에, 성적 개방성과 마약에 대해 자신이 어떻게 느끼는지를 몰랐다. 계속 버티고 갈 수 있는 유일한 방법은 "입을 다물고" 그것이 자신에게 영향을 미쳤다는 것을 부정하는 것이었다.

개입의 유연성

또 다른 문제는 표식으로 안내된 개입방법을 배운 치료자들이 올바른 개입에 너무 초점을 맞춰서 개입을 실행하는 과정에서 내담자가 경험하는 것을 놓치는 경우가 많다는 점이다. 개입은 핵심 감정에 도달하기 위한 수단이지 그 자체가 목적이 아니다. 수퍼비전 중인 한 수련자가 말하길, 자신은 치료 회기 중에 길을 잃었는데 그 이유는 다음에 어느 방향으로 가야 할지를 파악하는 것에 너무 많은 생각을 하고 있었기 때문이라고 하였다. 치료 회기에서 다수의 표식(미해결 과제, 자기혐오, 자기 방해)이 있었기에 언제 어디로 가야 할지 알기 어려웠다고 하였다. 유용한 것으로 입증된 사례 공식화는 수련자에게 다음 사항을 알도록 도와준다. 즉, 치료자와 내담자가 핵심 정서에 도달하고 내담자의 수용과 타당화 욕구를 이해할 수 있는 한, 어떤 개입을 사용하거나 어떤 표식을 따라가는지는 중요하지 않다는 점이다. 사례 공식화는 수련자가 고통스러운 정서의 중심 역할을 이해하고, 내담자의 경험을 따라가며, 고통스러운 핵심 정서에 도달할 수 있게 하는 데 도움을 준다.

코치 비판자

EFT를 배우는 치료자들 대부분이 부딪히는 실제적인 어려움 중 하나는 두 의자 작업에서 핵심적인 자기비판의 목소리에 어떻게 접근하는가이다. 치료 과정은 치료자가 내담자에게 증상이나 문제가 있는 자신에 대한 이차적 수준의 비판에 도달하는 것이 아니라 성격에 대한 근원적인 비판인 핵심적인 부정적 자기 평가(예: "너는 멍청해/뚱뚱해/못생겼어/이기적이야/실패자야")에 도달하도록 돕는 것을 요구한다. **이차적 수준의 비판**은 자신이 어떤 문제가 있다는 것을 비판할 때(예: "나는 우울하고/불안하고/미루는 나 자신에게 너무 화가 나요.") 발생한다. 그런데 이것은 **일차적 수준의 비판**인 핵심적인 특성에 초점을 맞춘 비판(예: "나는 무가치해."는 우울증을, "나는 멍청해."는 불안을, "나는 필요한 재능이 없어."는 미루기를 각각 유발함)에 의해 야기된다. 치료자는 내담자가 나쁜 기분에 대해 자신을 비판하도록 내버려 두기보다 일차적 수준의 비판에 접근하고자 한다. 수련자는 이것을 개념적으로 배우지만, 일반적으로 이차적 수준의 비판을 하는 실수를 하기에 수퍼비전에서 지적받는 과정을 통해 배울 필요가 있다. 한 예를 들면 다음과 같다.

이 회기에서 치료자는 자기비판적인 내담자를 위해 두 의자 작업을 시작했는데, 내담자는 자신이 완벽하지 않고, 성공하지 못했고, 무기력하며, 패배자처럼 느껴지기 때문에 끊임없이 자신을 비판하고 밀어붙인다. 여기서 내담자는 가족관계에서 자신을 주장할 수 없었던 한 사건을 이야기하고 있다.

내담자(동영상): 우리는 한 가지 계획을 세웠어요. 남편과 제가 이 계획을 세웠어요. 친정어머니께 말씀드렸죠. 어머니는 괜찮다고 하셨어요. 시어머니도 처음에는 괜찮다고 하셨어요. 그러더니 집에 먹을 게 많으니 밖에 나가지 말고 집에 있으면서 제 친정 부모님도 오시게 하자고 하셨어요. 저는 시어머니께 좋아요, "어머니 맘대로 하세요."라고 했어요. 하지만 전 나가고 싶었어요. 예를 들면, 전 이 지점에서 저 자신을 비판해요. 내가 원하는 것을 하지 않았다고요.

치료자(동영상): 어떤 상황에서나 자기비판적인 부분이 있네요.

내담자(동영상): 자기비판적인 부분, 이 부분을 꺼내 볼게요.

치료자(동영상): 그 비판적인 부분을 찾아서 비판하세요. 두 의자 대화 동안 다른 의자에 앉아 있는 자신을 비판하는 것입니다.

내담자(동영상): 지금은 저 자신이에요. 왜 네 생각을 지금 표현하지 않아? 왜 네 생각을 조절하지 않아?

치료자(동영상): 넌 늘 이러고 있어. 넌 너의 생각을 표현하지 않아.

수퍼바이저: 이것은 이차적 수준의 코치 비판자예요. 자신을 표현하지 않는 것에 대해 비판하고 있네요. 진짜 문제는 자신을 억제한다는 것이지, 자신을 억제하는 것에 대해 비판하는 것이 아니에요. 표현하지 못하게 막는 핵심적인 비판을 파악할 필요가 있어요.

내담자(동영상): 넌 생각을 표현하는 데 어려움이 있어. 제발 지금 네 생각을 표현해 줄 수 있겠니?

회기 후반부에 내담자는 자기 생각을 표현하는 데 어려움을 겪는 이유를 설명한다.

내담자(동영상): 만약 그녀가 자기 생각을 표현하고, 저는 제 생각을 표현하고, 그리고 끝에 어떤 것이 잘못되면, 비난받는 것은 제가 될 거에요. 전 비난받고 싶지 않아요.

치료자(동영상): 남들이 당신을 비난하는 것을 원하지 않네요.

내담자(동영상): 네. 제가 주장하는 것에 확신이 없고, 제가 그것이 어떻게 끝날지 예측할 수 없기에 망설이게 되고 결정을 할 수 없어요.

수퍼바이저: 이쪽으로 와서 말할 필요가 있어요. 그녀가 자신감을 잃게 만드세요.

치료자(동영상): 넌 망설여. 넌 결정을 할 수 없어.

내담자(동영상): 난 망설여. 결정할 수 없어.

치료자(동영상): 이것은 선생님에게 매우 속상한 거네요. 망설이고 결정할 수 없는 것이 화나게 하네요.

내담자(동영상): 내 표현이 옳은지 그른지도 모른 채 섣불리 결론을 내리고 싶지 않아. 그래서 난 다른 사람들의 생각을 받아들여. 다른 사람들이 바라는 것에 예라고 말해. 이런 식으로 행동하면 어떤 문제가 있을 때 죄책감을 느끼지 않게 돼.

내담자는 비판적 자아와 두 의자 대화를 하면서 치료 회기를 계속한다.

내담자(동영상): 넌 속으론 다른 사람을 너무 많이 비판해. 넌 남들을 너무 많이 비판하고 해석하기 때문에 이런 식으로 행동해. 너는 너무 비판적이어서 사람들이 널 거부할 거야. 조용히 있어.

수퍼바이저: 이것이 이제 일차 수준의 비판이네요. "넌 남들을 너무 많이 비판해. 그들이 널 거부할 거야."라고 말할 때, 부정적인 평가와 함께 자기 자신에 대한 두려움이 있네요. 이 부분을 더 키워야 할 필요가 있어요.

치료자(동영상): 흥미롭네요. 그녀가 그렇게 남들을 비판하는 방식에 대해 어떤 생각을 하나요? 뭐라고 말할 건가요?

내담자(동영상): 각자 자기 방식의 삶을 살게 내버려 둬.

내담자가 남들을 기쁘게 하려는 자신의 욕구에 실망감을 표현할 때, 치료자는 내담자에게 다시 두 의자 대화를 하도록 격려한다.

내담자(동영상): 그녀는 일을 기꺼운 마음으로 하고 싶어 해요. 하지만 대부분은 남들을 기쁘게 하려고 무언가를 해요. 그녀는 항상 누군가를 기쁘게 하려 해요.

치료자(동영상): 저쪽에 가서 앉아 보세요. 그녀에게 말하세요. 넌 항상 다른 사람을 기쁘게 하려고 어떤 일을 하고 있다고.

수퍼바이저: 그렇게 좋은 생각이 아니에요. 선생님은 그녀를 자신을 억제하고 있다고 비판하고 있는 코치 비판자에게 다시 데려가고 있어요.

내담자(동영상): 넌 항상 다른 사람을 기쁘게 하려고 일을 해. 넌 항상 이래. 넌 항상 이래.

치료자(동영상): 넌 자신을 계속 억누르고 있어.

내담자(동영상): 넌 자신을 압박하고, 밀어붙이고 있어.

치료자(동영상): 비판하세요. 오늘은 자신을 비판해 보세요. 그녀의 눈을 쳐다보면서 그녀가 무엇을 잘못하는지 보세요. 그녀를 비판하세요.

수퍼바이저: 이것이 잠재적으로 더 좋은 것 같네요. 넌 멍청하고, 이기적이고, 못생겼어와 같은 좀 더 일차적 수준의 비판에 도달하게 할 것 같고요.

내담자(동영상): 다른 사람들을 불쾌하게 해서 화나게 할까 봐 두려워하는 것이 있어요.

치료자(동영상): 다른 사람들을 화나게 할지도 모른다는 두려움이 있네요. 그래서 그들을 화나게 하지 않기 위해 항상 경계하고, 조심하고, 자신을 방해하고, 자신의 감정을 차단하네요. 그들을 화나게 하지 않기 위해 끊임없이 자신을 멈추네요. 끊임없이 자신을 막는다는 것은 자신의 권리를 포기하는 것을 의미해요. 그것은 당신이 마땅히 누려야 할 것을 포기하는 것을 의미해요.

이끌기와 가르치기

치료적 개입 과정에서 드러나는 다른 어려움은 이끌기 대 따라가기이다. 여기서 치료자는 내담자의 처리 과정을 따라가기보다는 내담자가 변화하도록 이끌려고 한다. 이 어려움은 특히 변화를 촉진하고자 안달하고 이해를 강화하는 것이 도움이 된다고 보는 치료자에게서 자주 일어난다. EFT는 어떤 사람이 어떤 곳을 떠나기 위해서는 먼저 그곳에 도착해야 한다는 원리와 수퍼바이저는 안내는 하지만 내담자의 근접발달영역에 있으면서 단지 한 발짝만 앞설 수 있다는 원리에 기반해 작동한다. 이것은 치료자가 너무 앞서서 내담자를 이끌 수 없다는 뜻이다. 감정은 가르친다고 해서 접촉할 수 있는 것이 아니기에, 치료자는 드러나는 감정을 따라가고 촉진해야 한다. 내담자는 무엇을 이해하기보다는 새로운 방식으로 자신을 경험함으로써 자기 체계를 구성해 나가야 한다.

다음 예시에서 치료자는 내담자에게 두려움에 대한 해독제인 주장적인 분노를 촉발해서 비판적인 목소리에 맞서게 하려 한다. 하지만 타이밍이 잘못되었는데 여전히 두려움을 느끼고 있는 내담자보다 너무 앞서가는 것을 보여 준다. 또한 수련자는 내담자의 이해를 촉진하기 위해 가르치거나 해석하지만 새로운 경험을 촉진하지는 못한다. 이것은 EFT를 가르칠 때 발생하는 고질적인 문제로, 수련자는 교정자, 교사 또는 이해를 제공하는 자가 아닌 새로운 경험을 민감하게 처리하는 촉진자가 되도록 돕는 것이 필요하다.

치료자(동영상): 심호흡을 한번 해보세요. 분노가 느껴지나요? 선생님을 분노하게 하는 것이 있네요.

수퍼바이저: 너무 빨리 분노에 접근하려고 해요. 내담자의 목소리, 자세, 말투에서 분노의 흔적이 전혀 보이지 않아요. 오히려 불안을 유발하는 의자로 가게 해서 스스로 두려움을 느끼게 만들어 보라고 하세요.

내담자(동영상): 저는 그들에게 분노를 느낄 수 없어요. 분노가 느껴지지 않아요.

치료자(동영상): 그들에 대한 분노라기보다 마땅히 받을 자격이 있는데 받지 못함에 대한 분노일 수 있을지요? 전반적으로 자신에 대한 분노이자 삶에 대한 분노일 수도 있겠네요. 막연한 분노일 수도 있고요. 반드시 누군가를 향한 분노일 필요는 없지요. 몸에서 일어나는 분노일 수도 있고요. 원하는 것이나 기대하는 것을 얻지 못하거나 자신을 표현할 수 없는 것은 그 대상과 무관하게 분노를 일으키지요. 하지만 분노는 선생님에겐 위험한 무엇인 것 같네요.

수퍼바이저: 내담자에게 방해작업을 좀 더 하게 한 다음, 내담자가 자신감 있게 자신을 조직해 나가기 시작할 때 억압하는 것에 대항해 자기주장을 하게 할 필요가 있어요. 덧붙여, 선생님이 증진하려고 하는 것은 단지 통찰만이 아니에요. 그런데 요약에서는 통찰을 제공하고 있어요. 그리고 이해도 아닙니다. 이해는 좋지만, 선생님은 내담자가 자신이 고통을 만들어 내는 주체라는 것을 인식하고, 몸의 감각을 알아차리며, 자기가 자신이 한 행동의 희생자라는 느낌을 갖게 하고, 비판적이고 방해하는 목소리에 맞서 자신을 주장하는 동기를 증진하기를 원하네요.

자기 방해 분열 의자 작업 소개의 어려움

다음 예시에서 수퍼바이저는 방해의 과정 표식을 지적하고 내담자가 자기 방해 과정을 다루는 것을 돕기 위해 두 의자 대화를 제안하고 있다. 자기 방해를 다루는 작업은 수퍼비전에서 발생하는 가장 큰 어려움 중 하나다. 수련자는 자기 방해 과정을 이해하고 개입방법을 아는 데 어려움을 보인다.

치료자(동영상): 어떤 정서를 경험하네요. 그런데 어떤 사람들, 특히 그분들이 선생님에게 소중한 사람들일 때는 거기서 멈추네요. 무언가를 느끼는 것 같다가 다시 얼어붙는 것 같고요. 제가 이해하기론, 멈춰서 상대방의 반응에 따라 자신을 맞추려는 것 같네요.

수퍼바이저: 이 지점에서 자기 방해 분열을 소개할 수 있어요. 내담자가 자신을 멈추고 있네요.

내담자(동영상): 네, 그럴 수 있을 것 같아요. 마치 제가 저를 조종하는 것처럼요?

치료자(동영상): 마음속에 옳거나 틀린, 가능하거나 불가능한 어떤 것이 있네요. 가슴 속에 말하고, 나누고, 표현하고, 드러내고 싶은 무언가가 있네요.

내담자(동영상): 누군가가 필요해요.

치료자(동영상): 누군가를 필요로 하네요. 문제는 선생님은 때로 다른 사람들의 반응에 따라서 자신의 욕구 표현을 막는다는 점이에요. 감정을 잘 다듬은 후에 밖으로 꺼내는 것이지요. 이해가 되는지요?

수퍼바이저: 내담자에게 이해한 것을 제공하고 공식화를 알려주고 있는데, 좋네요. 덧붙일 점은 이해를 넘어 체험을 창출

할 필요가 있어요. 방해하는 대화로 전환하면 체험을 창출할 수 있어요.

내담자(동영상): 네, 이해해요.

치료자(동영상): 선생님은 자신에게 욕구를 표현하도록 허락하지 않아요.

내담자(동영상): 네, 저는 제 욕구를 표현하도록 두지 않아요.

치료자(동영상): 문제는 욕구를 표현하지 않는 것이에요. 스스로 욕구를 표현하게 내버려 두지 않고, 욕구 표현을 막을 때에요.

내담자(동영상): 욕구가 내면에 있을 때, 마음속으로 계속 생각해요. 이렇게 했어야 했는데, 저렇게 했어야 했는데, 왜 이런 일이 일어났을까 등. 오랫동안 그렇게 해 왔어요.

수퍼바이저: 이것이 바로 방해하는/비판적인 처리 과정으로 개입이 필요해요.

치료자는 내담자에게 스스로 자신의 욕구와 바람을 표현하는 것을 막을 때 어떤 일이 일어나는지 질문함으로써 내담자가 자신의 핵심 정서에 도달하도록 계속 격려한다.

치료자(동영상): 지금 무슨 일이 일어나고 있나요? 무엇을 말할지를 결정하는 고민을 하고 있나요? 멈춰서 생각하고 있네요.

내담자(동영상): 네, 지금 잠시 멈추고 있어요.

치료자(동영상): 잠시 멈추고 있네요.

내담자(동영상): 말할 것을 잊어버린 것 같아요. 우리가 무슨 얘기를 했는지 지금 기억도 안 나요. 마치 기억상실증 같아요.

수퍼바이저: 지금 방해가 일어나고 있네요. 무언가를 "당하는 것"이 아니라 "스스로 하는 것"으로 바꾸세요.

치료자(동영상): 방금 언급한 것이 이런 거랑 비슷한 건가요?

내담자(동영상): 아니요, 마음속에 그대로 있어요.

치료자(동영상): 우유부단함.

미해결 과제에서 표식 식별과 미세 기술의 어려움

다음은 부모님으로부터 이해받지 못한다고 말하는 내담자의 사례이다. 어떤 수련자는 표식이 드러날 때 이를 식별하는 데 어려움을 겪는다. 다음 대화에서 수퍼바이저는 표식이 일어나는 몇 가지 경우를 언급한다.

치료자(동영상): 지금, 무엇이 일어났나요? 이해받지 못한다는 것은 어떤 건지요? 숨을 깊이 쉬네요.

내담자(동영상): 네. 이 일은 부모님을 찾아갔을 때 일어났는데, 이해받지 못했어요.

치료자(동영상): 그래요. 무슨 일이 있었나요? 어떤 느낌인가요?

내담자(동영상): 후회? 실망?

치료자(동영상): 실망스럽네요?

내담자(동영상): 실망. 어떤 원망이 있어요. 뭔가 허전해요, 그게 바로 지금 제가 느끼는 것이에요.

내담자는 슬프고 우울해 보였고 목소리는 점점 낮아지고 조용해졌다. 그녀는 무언가를 찾기 위해 내면으로 주의를 돌리는 것 같았지만, 찾을 수 없었다. 그러다 목소리가 단호해졌고 입술 끝이 올라가는 모습이 나타났다.

수퍼바이저: 미해결 과제 표식이네요. 전에도 이 표식이 있었어요. 이 기회를 활용해 지금 부모님과의 대화를 시도해 보아요.

내담자(동영상): 선생님이 얘기하신 것처럼 부모님이 제게 한 많은 것엔 이유가 있어요. 부모님은 내가 모르게 날 자신들이 원하는 형태로 만들려고 하는 것 같아요. 제 남편도 그렇고요. 다른 사람들도 제게 영향을 주지만, 그들의 영향은 어느 정도 제거할 수 있어요.

치료자(동영상): 그 성공을 축하할 자격이 없다고 말하는 목소리가 있네요. 남편의 목소리인가요, 아니면 부모님의 목소리인가요?

내담자(동영상): 아마도 부모님의 목소리.

치료자(동영상): 부모님의 목소리처럼 느껴졌군요? 그것이 그런 감정을 촉발한 것 같네요. 선생님이 그곳에 갔기 때문에.

내담자(동영상): 그들의 목소리는 아니에요. 하지만 제 성격은 그들이 한 짓의 결과로 형성되었다고 생각해요.

치료자(동영상): 그러니까 선생님 안에 있는 이 목소리는 그들이 선생님에게 강제한 목소리네요.

수퍼바이저: 지금이 "이쪽으로 와서 말하세요."라고 하며 의자

대화를 도입할 좋은 시점이에요. 선생님이 원하는 것은 단지 통찰이 아니라 체험하도록 돕고 싶은 것이라는 점을 기억하세요. 선생님은 내담자가 부모의 역할을 하고 주체성을 경험하도록 함으로써 자신의 내면에 형성된 부모와 맞설 수 있기를 원합니다. 알다시피, 이 작업은 실제 생활에서 부모에게 어떻게 행동해야 하는가에 대한 역할극이 아닙니다. 이것은 그녀 내면의 자기-타인 도식을 재구성하는 것에 관한 작업이에요.

내담자(동영상): 음, 부모님이 제게 정확히 말하지는 않았지만, 이건 그들이 한 짓으로 인해 발생한 것이에요.

치료자(동영상): 그게 떠올랐네요.

내담자(동영상): 네, 열등감, 그리고 확실히 우울감도 그들이 한 짓과 관련돼요.

치료자(동영상): 그 목소리는 어머니, 아버지, 남편의 목소리들이 합쳐진 것 같네요.

내담자(동영상): 네, 그리고 다른 사람들의 목소리도 부분적으로는요.

치료자(동영상): 다른 사람들도요?

내담자(비디오): 그래서….

치료자(동영상): 그것에 대해선 아니라고 말하는 것 같네요? 지금 그렇게 말했나요?

다음 수퍼비전 예시는 여성 내담자와 숙련된 수련자에 관한 것이다. 수퍼바이저는 수퍼비전 회기 전에 치료 회기의 동영상을 보았다. 수련자는 내담자와의 미해결 과제 대화로 수퍼비전을 시작하기를 요청한다. 이 예시는 미해결 과제를 다루는 빈 의자 대화에 대한 섬세한 미세 기술의 수퍼비전을 보여 준다. 빈 의자 대화 작업을 하는 수련자가 경험하는 가장 큰 어려움 중 하나는 내담자에게 유의한 타자의 부정적인 면을 실연하도록 요구하는 것이다. 다음 예시에서 치료자는 내담자에게 방임적인 타자의 역할을 하도록 요구한다. 또 다른 어려움은 빈 의자 대화를 서술적 이야기(일어났고 느껴졌던 것에 관한 이야기)에서 현재의 경험(회기의 지금 여기에서 타자에게 느껴지는 것)으로 움직여가는 것이다.

수퍼바이저: 선생님은 내담자에게 "어머니를 여기에 앉게 하고, 어머니에게 '엄마는 아들이 좀 걱정돼.'라고 말하세요."라고 말하면서 회기를 시작하네요.

수련자: 그게 최선이 아닐지요?

수퍼바이저: 아니에요. 가장 좋은 방법은 "어머니를 여기 모셔 오세요. 먼저 어머니가 보이나요?"라고 하는 것일 수 있어요. 그런 다음 "느낌이 어떠세요?"라고 물어보는 것이에요. 선생님이 한 것은 어머니와의 실제적인 체험적 접촉을 통해 내담자가 감정을 경험하도록 하고 있지 않아요. 이야기하기를 더 중심에 두고 시작하고 있어요. "어머니가 보이세요? 어머니를 볼 때 어떤 느낌이 드세요?"라고 말할 수 있어요. 그런 다음 아무것도 떠오르지 않으면, 이때 어머니에게 Jamie에 관해 말하게 하는 그런 방식으로 진행할 수 있어요. 하지만 먼저 어머니와 체험적으로 접촉하는 것이 훨씬

좋아요.

수련자: 네, 알겠습니다. 보통 그렇게 하는데 여기서는 그렇게 하지 않았어요.

수퍼바이저: 그래요, 선생님이 이런 작업을 잘한다는 걸 알아요. 하지만 이런 건 사소하지만 쌓여서 누적된다는 것을 기억하세요.

수련자: 네, 그런 것들이 중요하죠.

수퍼바이저: 그러고선 어느 지점에서 내담자가 "화가 나요."라고 말하네요. 이 첫 부분에 대한 주된 조언은 내담자가 화가 나 있는데 선생님은 그 화를 놓친 것 같아요.

수련자: 나중에 회기가 끝날 무렵에야 그걸 알게 되었어요.

수퍼바이저: 맞아요, 하지만 화가 거기 있었지요.

수련자: 선생님은 보셨는데, 전 못 봤어요.

수퍼바이저: 내담자가 실제로 "화가 나요."라고 말했을 때, 선생님은 "어머니가 보이나요? '화가 난다'고 어머니에게 말하세요."라고 말할 수 있었어요. 왜냐하면, 내담자가 처음부터 그것이 맞다고 말했기 때문이에요. 그래서 화를 초기에 알아차리는 것이 중요해요. 스타일과 관련된 조언을 조금 더 하자면, 선생님은 어느 지점에서 내담자에게 "지금 하는 말이 피상적으로 들려요. 좀 더 깊은 곳에서 진심으로 얘기할 수 있어요?"라고 말해요. 아니면, 이와 비슷한 방식으로요. 선생님이 그런 말을 할 때 내담자가 선생님으로부터 평가받는다고 느낄까 봐 조금 걱정이 되었어요. 그래서 저는 "피상적으로 들리네요."와 같은 것은 말하지 않아요.

수련자: 네, 그렇게 말하는 것은 썩 좋지 않네요.

수퍼바이저: 내 말은, 선생님은 부드럽게 말하지만, 평가적인 맥락에서 하는 것 같아요. 지금 테이프를 들을 수 있을지 모르겠는데 그러다 보니 서술적인 내용이 너무 많아요. 정서에 깊게 들어갈 필요가 있어요. 여기서 보듯이 내담자는 불평하고 있어요. 기본적으로 모든 것이 불평하는 것이에요. 정서를 심화시킬 필요가 있어요. 아실 것 같은데, 불평은 그 이면에 뒤섞여 있는 분노와 슬픔으로 구분하는 것이 가장 좋아요. 선생님은 어느 지점에서 "무엇을 느끼나요?"라고 물어요. 내담자는 무시당하는 느낌이라고 말해요. 하지만 내 생각엔 "이걸 말하면서 지금 무엇을 느끼나요?"라고 말해야 한다고 봐요. 전에 선생님을 포함해 다른 수련자들에게 이 점을 언급한 적이 있어요. "이 말을 하면서 지금 무엇을 느끼나요?"라고 물어보는 것은 내담자를 지금 여기에서 체험적으로 현존하도록 하기에 매우 도움이 돼요. 반면, 내담자가 과거에 했거나 느꼈던 것에 관해 이야기하는 것은 인지적 처리를 더 많이 유발해요. 그래서 내담자는 "엄마는 나를 방임했고 항상 동생에게 더 많은 관심을 주었어요."라고 말해요. 여기서 주목할 점은 첫째, 내담자는 자기의 일차적 감정을 표현하기보다는 비난하고 있어요. 일차적 감정은 아마도 "난 외롭고 소중하지 않다고 느꼈어요."라는 말이 더 맞을 것 같아요. 내담자가 지금은 그런 감정 속에 있지는 않지만요. 둘째, 내담자의 어조에는 현재 원망이 묻어 있어요. 따라서 "이 말을 할 때, 어떤 느낌이 드나요?"라고

물음으로써 내담자가 분노에 접촉하도록 도울 수 있어요. 때로는 거꾸로인 경우도 있어요. 말의 내용은 화이지만 현재의 정서는 슬픔일 수도 있어요. 선생님은 지금 정서가 생생하게 드러나게 하고 싶어 해요. 그것을 위해서는 내담자가 그런 말을 할 때 두 가지 옵션이 있어요. 하나는 "음, 지금 무엇을 느끼나요. 화인가요? 아니면 슬픔인가요?"라고 물을 수 있는데, 내담자는 "두려워요."라고 말할 수도 있어요. 하지만, 보통 내담자가 불평하고 있을 때는 "지금 무엇을 느끼나요?"라고 물어본 다음, "다른 의자에 앉아 있는 엄마에게 선생님이 느끼는 것을 말하세요."라고 하는 것이 좋아요. 그러면 내담자는 보통 "억울해요."나 "화가 나요."라고 말해요. 보시는 것처럼, 내담자는 "방치된 느낌이에요."라고 말해요. 하지만 내담자는 실제로는 분노를 느껴요.

수련자: 방치된 것에 화난.

수퍼바이저: 과정과 내용 둘 다죠. 그죠? 현재는 "난 과거에 방치당했다고 느껴서 화가 나요."예요. 하지만 선생님은 서술적인 이차적 수준인 "무엇을 느꼈나요? 방치된 느낌이에요."에 머물러 있어요. 그런데 실제의 느낌은 "당신이 나를 방치해온 것에 화가 나요."예요.

수련자: 현재에 머무르면서 느낌에 초점을 맞추는 것이 좋네요. 아시다시피 제가 힘들어하는 내담자의 행동이 있어요. 결국엔 잘 해결됐지만요. 그런데 나중에 생각해 보니 "그것에 대해 지금 무엇을 느끼고 있나요?"라고 말했어야 했는데라는 생각이 들어요.

수퍼바이저: 맞아요. 좋네요. 좀 더 생생한 느낌이 들 때, 내담자는 엄마 역할을 하고 있어요. 선생님은 엄마가 "잊어버려라"라고 말하는 시점에서, 내담자를 다시 자기 자신으로 돌아오게 하네요, 그렇죠? 이 모든 것에 관한 내 조언은 이런 개입들이 좋다는 거예요. 하지만 지금 선생님이 하는 것은 어머니와 딸 간의 논쟁에 관여하는 것에 가까워요. 선생님은 나쁜 엄마가 된다는 것의 본질에 도달하고 있지 않아요. 물론 나중에 서서히 나타나지만요. 선생님도 아는 것처럼 선생님은 앞에서 "이쪽으로 오세요. 엄마가 뭐라고 말했죠?"라고 했죠. 이 말은 선생님이 원하는 바가 아니에요. 왜냐하면, 이 말은 일종의 논쟁을 조장하는 것이기 때문이에요. 여기서 두 가지 최선의 옵션은 (a) 대화의 초반에는 나쁜 엄마를 실연하기 위해 "이쪽으로 와서 방치하는 엄마가 되세요."라고 하거나 (b) 대화의 후반부에 선생님이 내담자의 고통스러운 느낌과 진솔한 욕구에 접촉했을 때는 "이쪽으로 오세요. 엄마가 당신이 느끼고 필요로 하는 것에 관해 어떻게 반응하나요?"라고 할 수 있어요. 하지만 내담자가 불평하면서 "엄마로부터 방치되는 느낌이에요."라고 말할 때, 선생님은 현재에 머무르지 않은 상태에서 엄마의 역할을 하는 내담자에게 "이쪽으로 오세요. 엄마가 뭐라고 하나요?"라고 말해요. 그러면 엄마 역할을 하는 내담자는 "넌 힘든 애야, 넌 항상 힘든 애였어."라고 말해요. 여기서, 나라면 내담자가 현재에 머물면서 울거나 화를 내기 전까지는 내담자를 어머니 역할로 옮겨오게 하지 않았을 것 같아요.

아마도 내담자의 일차적인 감정은 자신이 중요하지도 사랑받지도 못한다는 느낌에 대한 슬픔일 것 같아요. 내담자가 이런 자신의 감정을 표현하고 욕구를 말할 때, 그때 엄마의 자리로 와서 실연하게 하면서 "뭐라고 답할래요?"라고 묻는 것이죠. 제 말이 이해되나요?

수련자: 네, 이해돼요. 두 가지 다른 지점이 있네요. 선생님은 "당신의 아이가 슬픔을 보일 때, 뭐라고 말하나요?"라고 하시겠네요.

수퍼바이저: 그래요, 일차적 정서가 드러나고 내담자가 진짜 감정을 보일 때는요.

수련자: 알겠어요, 이 상황에선 제가 방임하는 엄마 또는 나쁜 엄마를 강조했어야 했네요. 그런데 제게 어려운 점은 실제로 이 나쁜 엄마를 찾아내는 것이에요. 하지만 내담자가 그 말을 했어요.

수퍼바이저: 어떤 면에서 보면, 내담자는 논쟁을 하고 있을 때 방임하는 엄마의 역할을 실연하고 있어요. 체험으로 저장된 것이에요. 사실 내담자의 머릿속에는 자신을 외면하거나 밀쳐내거나 귀를 닫는 엄마의 이미지가 있어요. 선생님이 계속 작업하고 싶은 것은 내담자의 마음속에서 핵심 감정이 드러나고 작동할 때까지 기다리는 것이죠.

수련자: 사실 제가 본 것은 죄책감을 느끼게 하는 비난하는 엄마였어요. 그런데 그것이 핵심은 아니네요. 제가 봤고 또 마음에 들었던 것은 내담자가 비난하는 엄마의 역할을 할 때였어요.

수퍼바이저: 그래요, 이해해요. 내담자의 머릿속에 있는 이미지는 비난하는 엄마라고 생각했네요, 그죠?

수련자: 네, 실제로 내담자는 비난하는 엄마에게 반응하면서 화가 났어요. 하지만 사실 전 내담자에게 비난하는 엄마가 되어보라고 하지 않았어요. 운 좋게 내담자가 스스로 그렇게 했어요.

수퍼바이저: 맞아요, 그래요. 가장 이상적인 것은 내담자에게 "이쪽으로 와서 비난하는 엄마가 되어서 딸을 비난하세요."라고 말하는 것일 수 있어요. 보시는 것처럼, 이 단계는 어머니가 지금 내담자에게 어떻게 반응하는지에 대한 일종의 역할극이에요. 하지만 우리는 내담자 내면의 핵심적인 정서 구조, 즉 어머니가 내담자를 평생 비난했던 방식을 경험한 것에서 비롯된 감정에 더 다가가기를 원해요. 여기서 일어나고 있는 것은, 내담자가 어머니에게 전화하면 일어날 수 있는 것을 역할극으로 하는 것과 같은 거예요. 따라서 "엄마에게 무엇이 원망스러운지 말하세요."라고 하면, 내담자는 "정말 한심해."라고 말하는데 이것은 거부적인 분노예요. 힘 있는 분노와 슬픔에 다가가세요. 내담자가 한심하다고 말하면 그건 판단이자 혐오감이에요. 선생님이 하고 싶은 것은 "엄마에게 무엇에 대해 화가 나는지 말하세요"이죠, 그렇죠? 이건 내담자를 아주 직접적이게 만들어요.

수련자: 네, 중요한 부분이네요. 왜냐하면, 내담자가 한심하다고 말할 때 아주 흥분되고 화가 난 것을 보기 때문이에요. 저는 그것으로 만족했고요. 선생님은 제가 좀 더 들어가서 분

노를 심화하기를 원하시는 것 같네요, 그렇죠?

수퍼바이저: 네, 맞아요. 선생님이 직접적이면 좋겠고, "화났다고 엄마에게 말할 수 있나요?"라고 했으면 좋겠어요.

내담자: 단순한 표현이 좀 더 직접적이네요. 제가 내담자에게 "난 화가 나요."라고 말하게 할 필요가 있네요.

수퍼바이저: 그래요, '너'를 사용해 비난하는 형식이 아닌 '나'라는 표현 형식으로 옮겨가야 한다는 것을 알 수 있어요. 회기 내내 내담자는 '나'라는 진술을 별것 아닌 것처럼 넘겨요. 상처를 계속 좇는 것은 좋은데, 이야기의 내용이 아니라 내담자의 현재 감정에 초점을 맞추는 것이 좋을 수 있어요. 지금 하고 있는 것도 괜찮지만 더 깊어질 수 있어요. 따라서 "이 말을 하는 지금 무엇을 느끼나요?"라고 하는 것이 좋을 수 있어요. 그러면 내담자는 "슬퍼요."나 "화가 나요."라고 말할 것 같아요.

수련자: 다시 말하면, 내담자가 아래를 보고 있을 때 "무엇을 느끼나요?"라고 물으면, 내담자는 슬픈지 화났는지 말할 거라는 거죠?

수퍼바이저: 맞아요. 그러면 변화가 일어나면서 내담자는 이제 화를 느끼지요. 내담자는 "엄마가 곁에 없다고 느꼈고, 엄마가 내 기대를 저버려서 화가 나."라고 말하지요. 내담자가 하는 말의 내용과 내적 처리 과정이 서로 다른 것이 보이나요? 내담자는 슬프다고 말하고 있지만 실제로는 화를 느껴요.

수련자: 그 말씀이 도움이 되어요. 정서를 현재로 가져와야 하네

요. 그게 차이네요. 내담자는 늘 이야기를 하고 있어요.

수퍼바이저: 이야기는 처음엔 느낌에 도달하게 하기에 좋아요. 하지만 내담자를 현재로 데려오진 않아요.

수련자: 현재의 경험과 행동을 원하시는군요.

수퍼바이저: 맞아요, 내담자는 화난 것이 분명해요. 선생님은 분노를 알아차렸고 이어 슬픔으로 나아가려는 게 보여요. 이것은 슬픔으로 가는 중요한 길이에요. 하지만 내담자는 사실 지금 화난 상태에 있어요. 그녀의 목소리, 자세, 말들을 들어보세요. 내 말은 슬픔을 다루기 전에 먼저 분노를 다루라는 거예요. 내담자가 불평을 토로할 때를 보면 분노와 슬픔이 섞여 있어요. 사람들이 불평 상태에 있을 때는 보통 슬픔을 다루기 전에 분노를 먼저 다루어요.

수련자: 제가 슬픔에 접촉하지 않는다고 생각하세요? 이미 슬픔을 들었고 그쪽으로 갔어요.

수퍼바이저: 내 말은 선생님이 작업 과정에서 먼저 분노를 처리하지 않았다는 거요. 선생님은 지금 분노를 다루기 전에 먼저 슬픔으로 가고 있어요. 내담자가 한심하다고 말할 때 선생님은 분노를 다루고 있다고 생각할지 모르겠네요. 하지만 분노를 먼저 다루지 않기에 분노가 나중에 슬픔을 다루는 것을 방해한다고 말하는 거예요. 분노가 현재 나타나고 있는 게 아니라, 이야기라는 형식 속에 있어요. 따라서 내담자에게 실연 속의 엄마에게 "엄마가 나에게 전화하지 않는 게 원망스러워. 어렸을 때부터 늘 엄마에게 화가 나 있었어."라고 말하도록 할 필요가 있어요. 그런 다음 내담자

에게 "지금 무엇을 느끼고 있나요?"라고 물으면 내담자는 "정말 슬퍼요."라고 대답할 거예요. 그런데 내담자는 "남편도 한심해."라고 말해요. 그후 선생님이 "하지만 엄마가 보고 싶네요?"라고 반응하고, 내담자는 "엄마가 보고 싶어요."라고 말해요. 그런데 분노는 여전히 그곳에 있으면서 상징화되거나 처리되거나 다루어지지 않았어요. 그래서 슬픔이 그다지 깊지 않아요. 슬픔은 현재에 있어야 해요.

수련자: 내담자가 "난 엄마가 오기를 원했어."라고 말하는 지금에야 알게 되네요. 그건 느끼는 것이 아니라 그냥 이야기하는 거라는 말씀이시네요.

수퍼바이저: 맞아요. 여기에서 선생님은 "보고 싶어."라고 말할 수 있느냐고 묻고 있지만, 내담자는 여전히 화가 나 있어요.

수련자: 제가 분노를 다소 건너뛰고 충분히 선명하게 다루지 않았다는 말씀이시지요?

수퍼바이저: 정확해요.

수련자: 하지만 제가 분노를 건너뛴다고 하시는데? 약간 이론적인 질문이 있습니다. 내담자가 엄마가 그립고 엄마를 원한다고 표현하기 시작한 뒤, 회기 후반부에서는 분노가 없어지는 것 같아요. 저의 착각일까요?

수퍼바이저: 음, 내담자가 분노 없이 슬픔에만 초점을 맞추면 슬픔의 깊이가 기대 수준에 이르지 않을 것 같아요. 이건 가설이에요. 내가 보기엔, 슬픔이 충분하게 깊지 않아요. 선생님이 마침내 내담자에게 "그게 나를 분개하게 만들어요."라고 말하게 했는데, 감정을 촉발하는 좋은 개입이에요. 이

것이 내가 좀 더 일찍 일어나기를 바랐던 것이에요.

수련자: 알겠습니다, 그런데 회기의 이 지점에서 그것이 일어나요.

수퍼바이저: 네, 맞아요, 결국에 그렇게 했어요. 나는 선생님이 일차적 정서에 도달하기 위해 좀 더 일찍 이 기술을 사용하기를 권하고 있어요. 우리 이제 내담자의 분노를 파악했네요, 그죠?

수련자: 네.

수퍼바이저: 좋아요, 결국엔 도착했네요. 내담자는 회기의 훨씬 앞부분에서 이것을 표현하고 있었어요. 선생님이 어떻게 해야 하는지를 안다는 것을 알아요. 난 어떻게 하면 처치 과정을 좀 더 효율적으로 할 수 있는지 보여 주려는 거예요.

수련자: 네, 알겠습니다.

수퍼바이저: 분노에 도달한 것은 좋았고 매우 잘했어요. 아주 직접적이었고요. 선생님이 그 문구를 내담자에게 제안했고 효과가 있었어요.

수련자: 한 가지 더 질문이 있는데, 분노가 지금 충분하다고 생각하시는지요?

수퍼바이저: 선생님이 개입한 것은 도움이 되었어요. 회기의 이 시점에서 볼 때, 좋고 직접적인 분노라고 생각해요. 지금은 내담자의 욕구까지 다루었기에 아주 좋은 것 같아요. 이것이 우리가 원하는 거지요? 다음 단계는 슬픔에 도달하는 것이에요.

수련자: 슬픔은 욕구 뒤에 오지요?

수퍼바이저: 그래요, 여기서 화가 난 부분은 표피적인 욕구예요. 즉, 분노와 관련된 욕구예요. 그런데 이제는 내담자의 일차적 정서인 슬픔과 슬픔 속에 있는 욕구와 결핍을 다루어야 해요. 이것은 슬픔 속에 있는 진정한 욕구예요, 분노와 관련된 피상적인 욕구가 아니고.

수련자: 사실, 이것은 회기 뒷부분에서 다른 방식으로 드러난다고 생각해요. 이건 일종의 투사로 실연하는 어머니가 딸이 그립다고 말할 때 나타나요.

수퍼바이저: 맞아요.

수련자: 그 정도면 충분할지요?

수퍼바이저: 네. 아주 충분해요. 지금 이 대화를 기법적으로만 살펴봅시다. 이 시점에서 선생님은 변화를 주면서 내담자에게 이쪽으로 와서 빈 의자 대화에서 어머니 역할을 하라고 합니다. 문제는 내담자의 마지막 진술에 있는데, 어머니에 대한 분노예요. 이건 마치 부부의 상호작용 같아요. 어머니는 자신의 행동을 방어할 거고요. 만약 내담자가 슬픔을 경험하고 있다면, 그건 어머니와의 친밀감에 대한 욕구나 침해당하지 않는 것에 대한 욕구 때문이에요. 만약 어머니가 학대적이었다면, 분노는 적응적이고 경계선 설정에 도움이 되는 반응이기에 변화를 위한 올바른 반응일 수 있어요. 하지만 이 내담자의 경우엔 갈망과 애착이기에, 핵심 정서는 "난 엄마가 곁에 있어 주길 원했어. 난 슬퍼. 이 슬픔이 엄마와의 거리를 가까워지게 할 거야."예요.

수련자: 제가 내담자의 슬픔에 좀 더 다가가, 내담자에게 "당신

이 필요했어요." "당신을 원했어요."라고 엄마에게 말하게 한 다음, 엄마가 어떻게 반응하는지 내담자에게 물어볼 필요가 있었네요.

수퍼바이저: 그래요, 내담자가 "난 엄마가 필요해."라고 말하면 "다시 말하세요."라고 한 다음 "이 말을 할 때 무엇을 느끼나요?"라고 하는 거예요.

수련자: 네, 슬픔에 도달하도록요.

수퍼바이저: 그래요, 그리고 내담자에게 그리워하는 것이 무엇인지를 어머니에게 말하게 하는 거예요. 이럴 경우, 내담자가 현재에 훨씬 더 집중할 것이기에 더 깊어질 거예요.

수련자: 내담자는 회기 끝에 자신의 관점을 바꿨고 실제로 변했어요. 다시 화를 내는 순간이 여전히 있지만, 그것은 그냥 그녀가 기능하는 방식이라고 생각해요. 내담자의 이 작업은 충분히 강렬하지 않고, 약간 혼란스럽기도 하고, 변화가 필요한 점들이 여전히 있다고 봐요. 하지만 내담자는 많은 것들이 변했다고 말하고 저도 어떤 면에서 달라진 점을 봐요.

수퍼바이저: 그건 정말 좋았어요. 더 깊이 들어가고자 계속 노력하는 것이 좋아요.

수련자: 먼저 분노를 다루고 그다음에 슬픔을.

수퍼바이저: 그리고 현재에 머무르기.

수련자: 그리고 현재에 머무르기.

개별화된 개입의 어려움에 대한 수퍼비전

개별화의 어려움을 해결하기 위한 과제에 포함된 단계들(표식, 작업 환경, 처리 과정 및 해결)이 〈표 5.5〉에 제시되어 있다. 개별화의 어려움 표식은 수련자가 어떤 한 개입을 다른 개입보다 더 선호한다고 말하거나, 자신의 개인적인 가치관에 더 적합한 방식으로 치료 단계를 조정해서 궁극적으로 내담자에게 진정성과 진실함, 일치성을 전달하고 싶다고 말하는 것과 관련된다. 이 과정에서 수련자는 자신의 성격과 어떤 개입방식을 조화시키고 싶은 욕구를 표현하고, 수퍼바이저는 수련자에게 개입을 실행하는 개인적인 방식을 탐색하도록 장려한다. 따라서 수련자는 개인적인 스타일을 개발하게 된다.

과제 환경의 한 부분으로, 수련자는 좀 더 구체적인 예시들을 제시함으로써 자신의 개인적인 스타일에 대한 욕구를 표현하도록 권장된다. 예를 들어, 수련자는 좀 더 잠정적인 방식으로 두 의자 대화를 시작하고 내담자가 좀 더 준비할 수 있도록 하는 것이, 지시적이고 내담자에게 사전 안내 없이 비판적인 자아를 실행하도록 요구하는 것보다 "더 편한 느낌이 든다."고 말할 수 있다. 이러한 상황에서 수퍼바이저는 두 의자 대화의 단계를 조정하는 대안을 모색한다. 수퍼바이저의 역할은 수퍼비전 동안 수련자가 무엇을, 어떻게, 언제 작업할 것인지는 물론, 수련자가 작업할 필요가 있는 것을 자유롭게 선택하도록 격려하는 것이다.

표 5.5 개별화의 어려움 과제

개별화 어려움 표식	과제 환경	수련자의 처리 과정	해결
수련자는 다른 개입보다 어떤 한 가지 개입의 사용을 선호하고, 자신의 스타일에 맞는 어떤 개입을 적용하고 싶다고 말함; 수퍼바이저는 수련자가 과제 수행 방식에 대해 목소리를 내기를 주저하는 것을 알아차림	명료화하기: 수련자는 선호하는 구체적인 예시들을 제공함으로써 개인적인 스타일에 대한 욕구를 표현하도록 권유받음 대안 탐색: 수퍼바이저는 수련자가 선호하는 개입방법에 대해 솔직하게 말하도록 초대하고, 왜 수련자가 특정 개입을 선호하며 그 개입이 수련자와 내담자에게 제공하는 이점이 무엇인지에 관한 대화를 촉진함; 수퍼바이저는 수련자에게 언제, 어떻게, 어떤 치료 과제를 사용할지와 관련해 대안을 제공함; 수퍼바이저는 수련자가 내담자와의 회기에서 무엇을, 어떻게 개입할지를 자유롭게 선택하도록 촉진함과 아울러 바람직한 결과를 어떻게 성취할지에 대한 충분한 안내와 지지를 제공함 공감적 반영과 타당화: 수퍼바이저는 수련자가 자신의 성격과 개입방식을 조화롭게 함으로써 개인적인 스타일을 찾으려는 욕구를 지지함; 수퍼바이저는 판단하지 않는 태도로 수련자의 잠재적 취약성과 개인적으로 어려운 영역들에 주목하고 이것들을 앞으로 어떻게 다룰지에 대해 피드백을 제공함; 수퍼바이저는 수련자를 치료자로서 자신이 경험하는 것의 전문가로 인정하고 타당화함	내담자 문제를 다루는 방식에 대한 개인적인 선호를 숙고하고 이것을 정서중심치료의 원리와 관련시킴 한 가지 개입을 다른 개입 대신 사용하는 것의 장점과 단점을 고려함 내담자와 관계하고 개입하는 다양한 방법들을 시도함 "좋은 느낌"이 들기 시작할 때까지 자기 자각을 연습하고 다양한 개입에 대한 정서적 반응을 점검함 치료의 제공에 있어 개인적인 강점과 기술을 계속 강조함 순간적으로 잘 자각하는 것을 배우고, 내담자의 문제에 대한 부정적인 정서 반응의 영향을 최소화함 개인적인 스타일과 내담자와의 메타커뮤니케이션의 통합이 최상의 치료적 효과를 내는데 사용되는 단계에 이름	수련자는 내담자에 대한 개인적인 개입 스타일을 개발하도록 격려받고 영감을 받는다고 마음속으로 느낌

결론

EFT 수퍼비전에서는 수퍼바이저가 매 순간의 치료과정에 대해 매우 구체적인 기법적 피드백을 제공한다. 이러한 높은 기법적 초점에도 불구하고, 관계는 조력 과정에서 여전히 가장 핵심적이고 토대가 되는 것으로 간주됨을 강조하는 것이 중요하다. 따라서 수퍼비전은 수퍼바이저와 수련자, 치료자와 내담자 간의 관계에 항상 주의를 기울인다. 수퍼바이저는 어떻게 다르게 실행할 수 있는지에 대해 아주 많은 피드백을 제공한다. 수련자와 수퍼바이저 간에 매우 지지적인 관계가 없으면, 즉 교정적인 피드백에도 불구하고 진심으로 수용되는 경험이 없으면 수련자는 비판받는다고 느낄 수 있다. 이전의 예시에서는 치료자가 EFT에 숙련되어 있기에 손을 잡아주는 것(덜 숙련된 치료자에게 필요한)보다 기술을 섬세히 다듬는 데 더 초점을 두어야 했다. 또한 수퍼바이저는 자신이 잘못 이해한 것을 소통하고 결국 받아들임으로써 잠재적인 균열을 미리 예방하였다. 이 모든 것은 진정한 조율을 통해 이루어졌다.

6장
연구

우리의 수퍼비전 모델은 정서중심치료(EFT)에 관한 실증적 연구에서 주로 비롯된 두 가지 연구 흐름에 기반한다. 한 가지 흐름은 관계의 중요성에 관한 것이고, 다른 흐름은 구체적인 변화 과정을 다루는 것이다. EFT 수퍼비전 자체에 관한 연구는 아주 적고, 치료자 훈련에 관한 연구는 다소 있으며, 심리치료 전반에 관한 연구는 수퍼비전과 비교해 훨씬 많다.

정서중심치료 수퍼비전에 관한 연구

Palmer-Olsen(2007)은 현상학적 철학에 기반한 체계적이고 구조화된 연구법을 사용하고, 인터뷰, 토론, 참여자 관찰을 통해 심층적인 정보를 수집함으로써, EFT 커플 치료자들의 EFT 훈련과 수퍼비전 경험을 연구하였다. Greenberg와 Johnson에 의해 처음 개발된 정서중심 커플치료는 체계적 요소들을 포함하는데, 이 치료는 애착기반 커플치료로 더욱 진화하였다(Johnson, 2004). 하지만 정서중심 커플치료는 이 책에서 초점을 맞추는 EFT 개인 치료와 본질적으로 동일한 정서 원리들에 기반한다. Palmer-Olsen(2007)은 17명의 참여자를 대상으로 한 질적 연구에서 좋은 EFT 수퍼비전과 훈련은 (a) 공고한 수퍼비전 동맹을 요구하고, (b) EFT 수퍼바이저가 '치료자 자신'의 이슈들을 개입에 통합할 때 가장 작동을 잘하며, (c) 참가자가 EFT 저술 자료에 접근하는 것을 요구하고, (d) EFT의 개념과 개입의 본보기와 실습이 필요하며, (e) 시연과 녹화 및/또는 녹음 자료의 점검을 통한 임상적 작업의 관찰을 요구하며, (f) 목표 설정과 수퍼바이저와 수련자를 위한 비공식적/평가적 요소를 포함한다.

정서중심치료와 관련된 수퍼비전 연구

Ladany, Friedlander 및 Nelson(2005, 2016)은 EFT의 사안과 과제에 기반해 분석적으로 도출된 수퍼비전 모델(Greenberg, 1984)에 관한 연구를 실행하였다. 이들은 자신들의 광범위한 수퍼비전 경험을 바탕으로, EFT 수퍼비전 축어록을 분석한 후 사안 기반 수퍼비전 모델을 제안하였다. 이들은 이 모델을 사용해서 종종 간과되는 딜레마들(예: 역할 혼란, 문화적 배경 및 성별과 관련된 잘못된 이해, 문제 있는 태도와 행동, 기술 부족, 역전이, 내담자에 대한 성적 매력) 모두가 식별되고, 상호 검토되며, 극복될 수 있는 수퍼비전 사안들임을 보여 주었다. 이 모델은 수련자의 문제가 어떻게 성장의 기회로 전환할 수 있는지, 또 수퍼바이저-수련자 간의 관계 어려움을 해결하는 것이 수련자가 내담자와의 상호작용을 긍정적으로 다루는 데 어떻게 본

보기가 되는지를 보여 준다(참고. Bertsch et al., 2014).

최근 Watkins, Budge 및 Callahan(2015)은 Wampold와 Budge(2012)가 제시한 심리치료 관계 모델에 기초한 수퍼비전 모델을 제안하였다. 이들은 공통 요소와 특정 요소의 융합을 제안하는데, 이 모델에는 동맹의 유대가 초기 발달하고 지속적으로 유지되는 것과 함께 뒤이어 오는 많은 변화들이 포함된다. 이러한 변화들은 수련자와의 진솔한 관계, 수퍼바이저의 수퍼비전 과정에 대한 틀과 기대의 설정, 수퍼바이저가 치료 과제와 목표에 관한 합의 도출에 참여, 그리고 수련자가 행동을 시도하고 개선하기를 통해 어떤 형태의 교육적 행동에 참여한 것들의 결과물이다. 그리고 이들은 이러한 변화들은 수련자의 불안, 수치심, 자기 의심의 감소와 함께 치료자의 정체성과 치료 기술의 발달을 초래한다고 제시한다. EFT 수퍼비전 모델은 범이론적 체계와 잘 맞는데, 구체적인 과제와 치료적 행동 및 정서에 대한 일관된 초점은 수퍼비전을 특별히 정서중심적 수퍼비전으로 자리매김하게 하는 것들이다.

EFT 수퍼비전 모델과 밀접하게 관련된 연구들이 여기서 많이 제시되지는 않지만, 이 모델의 구성요소를 뒷받침하는 연구가 있다. 수퍼비전에 관한 연구는 일반적으로 수퍼비전에서 Rogers의 핵심 조건인 공감, 진정성, 긍정적 존중을 표현하는 수퍼바이저가 내담자에 대한 수련자의 행동을 개선할 가능성을 증진한다고 제시한다(Neufeldt, Beutler, & Banchero, 1997). 수퍼비전 작업동맹에 관한 연구에 따르면, 좋은 동맹은 여러 지표에서 좋은 수퍼비전을 예측하는 것으로 나타났다. 좋은 수퍼비전 동맹을 형성하는 수퍼바이저의 역량은 수퍼비전에서 여러 가지 좋은 것들을 예측하는 것으로 반복적으로 드러났다. 견고한 수퍼비전 작업동맹은 수퍼비전의 과정과 결과에 의미 있는 역할을 하는 것으로 나타났다(Ladany, 2002). 수련자는 "좋은" 관계를 제공하는 수퍼바이저를 선호한다는 연구 결과도 있다. 예를 들어, Falender와 Shafrranske(2004)가 실시한 수퍼비전 관계에 관한 연구의 요약본에서 제시된 결론은 여러 요인 중에서도 수퍼비전 관계에서의 신뢰와 존중, 수련자의 발달 욕구에 대한 수퍼바이저의 민감성, 수련자의 자율성에 대한 수퍼바이저의 격려가 좋은 수퍼비전의 제공에 중요하였다는 것이다. Ladany와 Walker(2003)의 연구에서도 수퍼바이저의 적절한 자기개방은 수련자에 대한 신뢰를 보임으로써 수퍼비전 동맹의 정서적 유대 요소를 강화한다고 제시한다. 이 모든 측면은 공감적 관계 환경의 일부로, 이는 EFT 수퍼비전에서 수퍼비전 관계의 근간이다.

정서중심치료의 훈련과 관련된 연구

EFT 수퍼비전은 많은 훈련을 요구한다. Greenberg와 Goldman(1988)은 체험치료의 훈련은 개념의 학습, 행동 기술 훈련(모델링과 실습 포함), 체험적 학습, 개인 치료와 같은 방법들을 조합할 때 가장 효과적이라고 제안하였다. 훈련의 체험적 측면은 매우 중요하다. Montagno, Svatovic 및 Levenson(2011)이 발견한 바에 따르면, EFT 커플 실습 프로그램 훈련에 참가한 후에 참가자들은 EFT에 대한 지식과 역량이 증가하고, 자신의 감정에 더 개방적이며, 자신에게 연민을 더 느끼고, 회피 애착 행동을 적게 보였다고 한다. 덧붙여, 참가자들(대부분이 면허가 있는 치료자들이었음)은 대인관계, 특히 파트너와의 관계에 변화가 생겼다고 보고하였다. Montagno와 동료들은 이러한 결과가 EFT에서 강조하는 체험적 훈련의 의미를 분명히 나타내는 것이라고 제시하였다.

감정에 주의를 기울이고 요약하는 기술들은 간단한 미세 상담(microcounseling) 훈련과 같은 교육적 접근들을 통해 학습될 수 있다(참고. Ivey, 1971). 하지만 공감적 관계를 형성하고 유지하는 능력은 다른 유형의 기술이며 체험적인 방식으로 더 잘 학습된다(Pagell, Carkhuff, & Berenson, 1967). 이것은 내담자에 의해 표현되는 미묘한 감정과 복잡한 의미를 듣는 것을 포함하기에, 습득에 더 많은 시간과 개인적 발달이 필요하다.

Greenberg와 Kahn(1976)은 EFT에 포함된 게슈탈트 치료 기술들의 일부는 체계적인 방식으로 가르쳐질 수 있다고 제안하였다. 이들은 앞서 언급된 네 가지 기본 훈련 과정을 활용하는 통합적인 교육적-체험적 기술 훈련 프로그램을 고안하였다. 이 프로그램의 논리적 근거는 개인적인 문제에 대한 자각의 증진은 수련자의 치료적 감수성과 변화 과정에 대한 체험적 지식을 촉진하며, 자기 자각의 증가로 인한 구체적인 기술의 습득은 더 나은 학습의 동력이 된다는 것이다. Greenberg와 Sarkissian(1984)은 이 프로그램이 학생들에게 두 의자 기법을 사용하는 방법을 교육하는 데 효과가 있다고 제시하였다. 연구 결과에 따르면, 치료자들은 훈련을 받은 이후에 내담자의 갈등 진술에 대해 적절한 두 의자 대화 개입을 더욱 자주 사용하였고, 좀 더 직접적인 안내를 제공하였으며, 비언어적 참조대상에 더 집중적으로 주의를 기울이는 것으로 나타났는데, 이는 적극적인 개입 기술을 훈련하는 데 이 프로그램이 효과적임을 입증하는 것이다.

정서중심치료의 효과와 과정 연구

EFT는 우울증, 복합 트라우마, 부부 불화와 관련된 다수의 무작위 임상 시험에서 개인과 커플에게 효과적인 것으로 나타났다(Elliott, Greenberg, & Lietaer, 2004; Johnson, Hunsley, Greenberg, & Schindler, 1999). EFT에 대한 임상 시험에 덧붙여, 표식을 사용한 과제 수행의 역할과 치료적 변화에서 정서의 독립적인 역할에 관한 실증적 연구는 회기 내의 정서 활성화와 치료 효과 간의 관계를 일관되게 입증해 왔다(Greenberg, 2010). EFT의 임상적 과정과 치료 효과에 관한 많은 논문과 글, 도서들이 출판되었는데, 이들은 수퍼바이저가 수퍼비전에서 취해야 할 청사진을 제공한다. 이러한 연구 결과들은 수련자가 표식에 의해 안내된 과제와 정서적 각성을 사용하도록 촉진하는 수퍼바이저에게 지지를 제공한다. 이러한 연구 결과들이 EFT 수퍼비전에 의미하는 바는, 유능한 EFT 치료자가 알 필요가 있는 것들에 대한 윤곽을 수퍼바이저에게 제공한다는 것이다. 하지만 이 기술들의 습득을 촉진하는 최상의 수퍼비전 방법에 관해서는 추후 연구가 필요하다.

결론

심리치료 문헌에서 나타나는 다수의 연구 결과들이 우리가 본 수퍼비전 모델에서 제안한 활동들을 지지한다. 이러한 연구에 근거한 지지는 수퍼바이저가 이 책에서 제안된 수퍼비전 과정에 대해 더 큰 확신을 갖도록 돕는다. 수련자와 좋은 관계를 발전시키고 수련자가 내담자와 좋은 관계를 맺도록 수퍼비전하는 것의 중요성은 수퍼비전에 관한 제반 연구들로 뒷받침되는 것 같다. 한편, 내담자의 정서 심화를 촉진하고 특정 표식에 의해 안내된 개입에 참여하는 것은 증거에 기반한 과정들로, 수퍼바이저들은 자신감을 갖고 이 과정들을 EFT 수퍼비전에서 가르쳐야 한다.

7장 향후 방향

정서중심치료(EFT) 수퍼비전은 공통 요인과 특수 요인의 조합에 기반한다. 관계는 신뢰할 수 있는 수퍼비전의 핵심요소이지만, 특정한 기법적 측면들의 수퍼비전으로 더욱 강화된다. 우리는 분석적이고 과제에 기반한 수퍼비전 모델을 제시했는데, 이 모델은 수퍼바이저와 수련자, 치료자와 내담자의 관계와 함께 기법적인 측면에도 초점을 둔다. EFT의 두 가지 주된 초점은 (a) 공감적인 방식의 관계 맺기와 (b) 정서이다. 수퍼비전은 다음 두 가지 주된 요소에 초점을 맞춘다는 점에서 치료와 유사한 방식으로 작동하는데, 수련자가 한 개인으로 성장하고 발전할 수 있도록 돕는 것과 수련자가 치료자로서의 정체감과 기술을 발달하도록 돕는 것이다.

21세기의 향후 수십 년 동안 수퍼비전은 어떻게 발전할 것인가, 특히 EFT 수퍼비전은 어떻게 발전할 것인가? 물론 온갖 종류의 발전들이 첨단 시청각 보조 장치, 가상현실 시뮬레이터, 즉각적인 소통, 모바일 애플리케이션과 같은 기술들로 인해 일어날 것이다. Carl Rogers가 1940년대에 치료 회기를 처음으로 녹화했는데, 이것은 심리치료 연구의 방향을 바꾸었고 치료과정을 세밀히 분석하는 작업이 시작되게 하였다. 이제 치료 회기를 비디오와 디지털로 기록하는 것은 심리치료를 현미경으로 보는 것 같은 역할을 하며, 심리치료 수퍼비전에서 엄청나게 값진 역할을 하고 있다. 사실 회기의 비디오 녹화를 사용하지 않는 EFT 수퍼비전은 상상하기 어렵다. 비디오를 관찰하면서 수퍼바이저의 피드백을 받는 것은 교육, 성찰, 모델링보다 기술 습득을 훨씬 성공적으로 증진시킨다. 모든 훈련 프로그램, 특히 EFT의 훈련은 비디오 녹화를 수퍼비전과 훈련의 필수조건으로 포함할 것이다. 새로운 세기에는 이러한 것들의 발전이 수퍼비전에 중대한 영향을 미칠 것이라는 점은 예견된 결론이다. 그러나 이 장에서는 비기술적인 변화에 좀 더 초점을 맞추고자 한다.

우리의 관점에서는 수퍼비전 관계, 구체화, 수련자에게 맞는 개별화, 개인차의 고려, 정서와 작업하는 능력은 개발이 필요한 중요한 영역들인 것 같다. 관계의 개념은 아마 앞으로도 계속 발전하여 수퍼비전의 초석이 될 것이다. 수퍼바이저와 수련자 간의 안전하고 신뢰하는 유대관계의 소중함은 반복적으로 확인되어 왔는데, 이것은 합의된 목표와 과제의 중요성과 함께 수퍼비전의 길잡이가 될 것이다. 공감과 수퍼비전 동맹은 심리치료 수퍼비전의 공통 요소로 확고히 자리 잡을 것이다. 향후 연구의 핵심 질문은 수련자들이 더 나은 치료자가 되기 위해서는 수련자가 수퍼바이저와 어떤 인지적, 정서적, 행동적 과정에 참여할 필요가 있는가이다.

이 책이 과제분석 접근법을 기반으로 개발된 최초의 EFT 수퍼비전 모델에 관해 설명한다는 점을 고려할 때, 우리는 이 모델이 더욱 개발되고 실증적으로 연구되기를 바란다. 특히 중요한 것은 수련자의 배움의 과정을 연구하고 구체화하는 것으로, 이것은 표식, 과제 환경, 처리 과정 및 해결에 이르는 일련의 과정에서 가장 조사되지 않고 불명확하게 남아 있는 측면이다. EFT 수퍼비전은 역량에 기반하고, 증거에 근거하며, 더욱 신뢰할 수 있게 될 것이다. EFT 수퍼비전의 중요한 다음 단계는 EFT의 고유한 치료 및 수퍼비전 스타일을 명확히 반영하는 수퍼비전 역량을 더욱 구체화하는 것이 될 것이다. 특히, 수련자의 정서 작업을 촉진하는 방법과 정서 작업에 대한 두려움을 극복하도록 돕는 방법이 핵심이다. 또한 정동에 대한 공감적 조율을 가르치는 법을 더욱 개발하는 것도 매우 필요하다. 수퍼비전 실습과 훈련이 발전하고 성공하려면, 이 역량들과 함께 다른 역량들도 더 구체화할 필요가 있다.

덧붙여, 수퍼비전 과정이 상이한 맥락에서 작동하는 개인적인 차이와 욕구를 다루기 위해 어떻게 조정될 필요가 있는지를 명확히 하는 것도 높은 우선순위에 있을 것이다. 예를 들어, 직관적으로 공감하는 능력이 부족하거나 정서적인 역량이 낮은 수련자들에게 맞도록 수퍼비전을 조정하는 것에는 추가적인 노력이 필요하다. 우리는 수련자가 우리가 원하는 곳으로 즉시 들어가기를 기대하기보다는 수련자가 현재 있는 곳에서 수련자를 만나는 법을 더 잘 이해할 필요가 있다. 이는 단계적 수퍼비전 모델을 제안하게 하는데, 이 모델을 통해 우리는 수련자가 EFT의 복잡한 정서 중심적 개입에 참여하는 기술을 형성할 때까지, 우리가 어디서부터 수퍼비전을 시작해야 하는지(아마도 간단한 공감 훈련으로), 언제, 어떻게 수퍼비전을 진행해야 하는지를 어느 정도 이해한다. 또한 대학원생과 대학원 졸업자를 수퍼비전하는 것과 일선 치료 현장의 전문가들을 수퍼비전하는 것의 차이점도 구체화할 필요가 있다.

양적 및 질적 연구의 필요성이 향후의 EFT 수퍼비전에서 점점 더 중요한 위치를 차지하게 될 것이다. EFT는 매 순간의 치료과정에 관한 연구를 통해 개발되었기에 매 순간의 수퍼비전 과정도 연구할 필요가 있는데, 우리가 이 책에서 제시한 과제 분석적 틀은 이런 유형의 연구조사를 돕는 한 방법이다.

우리는 이 책이 더욱 과학적인 정보와 증거에 기반한 수퍼비전 실제를 개발하는 첫걸음이 되기를 소망한다.

추천 도서

Elliot, R., Watson, J. C., Goldman, R. N., & Greenberg, L. S. (2004). *Learning emotionfocused therapy: The process-experiential approach to change*. Washington, DC: American Psychological Association.

This book provides an overview of emotion-focused therapy (EFT) and lays out the skills of doing different EFT interventions. It is good for people who want to learn the microskills of intervention.

Goldman, R. N., & Greenberg, L. S. (2015). *Case formulation in emotion-focused therapy: Co-creating clinical maps for change*. Washington, DC: American Psychological Association. http://dx.doi.org/10.1037/14523-000

This book is probably the most comprehensive book conceptualizing how an EFT therapist approaches therapy.

Greenberg, L. (2010). Emotion-focused therapy: A clinical synthesis. *Focus: The Journal of Lifelong Learning in Psychiatry, 8*(1), 32-42. http://dx.doi.org/10.1176/foc.8.1.foc32

A summary overview of EFT.

Greenberg, L. S. (2011). *Emotion-focused therapy*. Washington, DC: American Psychological Association.

This is the most succinct statement of EFT theory and practice. Good as an introduction to the approach.

Greenberg, L. S. (2015). *Emotion-focused therapy: Coaching clients to work through their feelings* (2nd ed.). Washington, DC: American Psychological Association.

This book provides an overall approach to working with emotion both in therapy and in life. It includes exercises for developing emotional competence and is best for readers who want an understanding of working with emotion in preventive as well as therapeutic ways.

Greenberg, L. S., & Watson, J. (2006). *Emotion-focused therapy for depression*. Washington, DC: American Psychological Association.

This book provides the most comprehensive text of how to conduct EFT form start to finish, discussing the phases and intervention in the context of depression.

참고문헌

Auszra, L., & Greenberg, L. S. (2008). Client emotional productivity. *European Psychotherapy, 7*, 137-152.

Auszra, L., Greenberg, L. S., & Herrmann, I. (2013). Client emotional productivity-optimal client in-session emotional processing in experiential therapy. *Psychotherapy Research, 23*, 732-746. http://dx.doi.org/10.1080/10503307.2013.816882

Bernard, J. M. (1997). The discrimination model. In C. E. Watkins (Ed.), *Handbook of psychotherapy supervision* (pp. 310-327). New York, NY: Wiley.

Bernard, J. M., & Goodyear, R. K. (2013). *Fundamentals of clinical supervision* (5th ed.). New York, NY: Pearson Press.

Bertsch, K. N., Bremer-Landau, J., Inman, A. G., DeBoer Kreider, E. R., Price, T. A., & DeCarlo, A. L. (2014). Evaluation of the critical events in supervision model using gender related events. *Training and Education in Professional Psychology, 8*, 174-181. http://dx.doi.org/10.1037/tep0000039

Bordin, E. S. (1983). A working alliance based model of supervision. *The Counseling Psychologist, 11*, 35-42. http://dx.doi.org/10.1177/0011000083111007

Buber, M. (1958). *I and Thou* (2nd ed.). New York, NY: Scribners.

Carkhuff, R. R. (1969). *Helping and human relations* (Vols. 1 & 2). New York, NY: Holt, Rinehart & Winston.

Ekman, P., & Davidson, R. J. (1994). Affective science: A research agenda. In P. Ekman & R. Davidson (Eds.), *The nature of emotion: Fundamental questions* (pp. 411-430). New York, NY: Oxford University Press.

Elliott, R., Greenberg, L., & Lietaer, G. (2004). Research on experiential psychotherapy. In M. Lambert (Ed.), *Bergin & Garfield's handbook of psychotherapy & behavior change* (pp. 493-539). New York, NY: Wiley.

Elliott, R., Watson, J. E., Goldman, R. N., & Greenberg, L. S. (2004). *Learning emotion-focused therapy: The process-experiential approach to change*. Washington, DC: American Psychological Association. http://dx.doi.org/10.1037/10725-000

Falender, C. A., & Shafranske, E. P. (2004). *Clinical supervision: A competencybased approach*. Washington, DC: American Psychological Association. http://dx.doi.org/10.1037/10806-000

Frijda, N. H. (1986). *The emotions. Cambridge*, England: Cambridge University Press.

Geller, S. M., & Greenberg, L. S. (2011). *Therapeutic presence: A mindful approach to effective therapy*. Washington, DC: American Psychological Association.

Gendlin, E. T. (1996). *Focusing-oriented psychotherapy: A manual of the experiential method*. New York, NY: Guilford Press.

Gendlin, E. T. (1997). *Experiencing and the creation of meaning: A philosophical and psychological approach to the subjective*. Evanston, IL: Northwestern University Press.

Gendlin, E. T., & Beebe, J. (1968). Experiential groups. In G. M. Gazda (Ed.), *Innovations to group psychotherapy* (pp. 190-206).

Springfield, IL: Charles C Thomas.

Glickauf-Hughes, C., & Campbell, L. F. (1991). Experiential supervision: Applied techniques for a case presentation approach. *Psychotherapy: Theory, Research, Practice, Training, 28*, 625-635. http://dx.doi.org/10.1037/0033-3204.28.4.625

Goldman, R. N., & Greenberg, L. S. (2015). *Case formulation in emotion-focused therapy: Co-creating clinical maps for change*. Washington, DC: American Psychological Association. http://dx.doi.org/10.1037/14523-000

Greenberg, L. (2010). Emotion-focused therapy: A clinical synthesis. *Focus: The Journal of Lifelong Learning in Psychiatry, 8*, 32-42. http://dx.doi.org/10.1176/foc.8.1.foc32

Greenberg, L., & Geller, S. (2001). Congruence & therapeutic presence. In G. Wyatt & P. Saunders (Eds.), *Rogers' therapeutic conditions: Evolution, theory and practice: Vol. 1. Congruence* (pp. 131-149). Ross-on-Wye, England: PCCS Books.

Greenberg, L., & Safran, J. (1986). *Emotion in psychotherapy*. New York, NY: Guilford Press.

Greenberg, L. S. (1984). *Review of helping: Origins and development of the major psychotherapies*. Canadian Psychology/Psychologie Canadienne, 25, 236-237. http://dx.doi.org/10.1037/h0080973

Greenberg, L. S. (2002). *Emotion-focused therapy: Coaching clients to work through their feelings*. Washington, DC: American Psychological Association. http://dx.doi.org/10.1037/10447-000

Greenberg, L. S. (2011). *Emotion-focused therapy*. Washington, DC: American Psychological Association.

Greenberg, L. S. (2015). *Emotion-focused therapy: Coaching clients to work through their feelings* (2nd ed.). Washington, DC: American Psychological Association. http://dx.doi.org/10.1037/14692-000

Greenberg, L. S., & Angus, L. (2004). The contributions of emotion processes to narrative change in psychotherapy: A dialectical constructivist approach. In L. E. Angus & J. McLeod (Eds.), *The handbook of narrative and psychotherapy: Practice, theory, and research* (pp. 330-349). Thousand Oaks, CA: Sage. http://dx.doi.org/10.4135/9781412973496.d25

Greenberg, L. S., & Elliott, R. (1997). Varieties of empathic responding. In A. C. Bohart & L. S. Greenberg (Eds.), *Empathy reconsidered: New directions in psychotherapy* (pp. 167-186). Washington, DC: American Psychological Association. http://dx.doi.org/10.1037/10226-007

Greenberg, L. S., Elliott, R., & Lietaer, G. (1994). Humanistic-experiential psychotherapy. In G. Stricker & T. A. Widiger (Eds.), *Handbook of psychology: Clinical psychology* (pp. 109-158). New York, NY: Wiley.

Greenberg, L. S., & Goldman, R. L. (1988). Training in experiential therapy. *Journal of Consulting and Clinical Psychology, 56*, 696-702. http://dx.doi.org/10.1037/0022-006X.56.5.696

Greenberg, L. S., & Johnson, S. M. (1988). *Emotionally focused therapy for couples*. New York, NY: Guilford Press.

Greenberg, L. S., & Kahn, S. E. (1976). The stimulation phase in counseling. *Counselor Education and Supervision, 19*, 137-145. http://dx.doi.org/10.1002/j.1556-6978.1976.tb02022.x

Greenberg, L. S., & Pascual-Leone, J. (1995). A dialectical constructivist approach to experiential change. In R. Neimeyer & M. Mahoney (Eds.), *Constructivism in psychotherapy* (pp. 169-191). Washington, DC: American Psychological Association. http://dx.doi.org/10.1037/10170-008

Greenberg, L. S., & Pascual-Leone, J. (2001). A dialectical constructivist view in the creation of personal meaning. In M. Power & C. Brewin (Eds.), *The transformation of meaning in psychological therapies* (pp. 165-174). Washington, DC: American Psychological Association. http://dx.doi.org/10.1080/10720530151143539

Greenberg, L. S., Rice, L. N., & Elliott, R. (1993). *Facilitating emotional change: The moment by moment process*. New York, NY: Guilford Press.

Greenberg, L. S., & Sarkissian, M. G. (1984). Evaluation of counselor training in Gestalt methods. *Counselor Education and Supervision, 23*, 328-340. http://dx.doi.org/10.1002/j.1556-6978.1984.tb00622.x

Greenberg, L. S., & Van Balen, R. (1998). The theory of experience-centered therapies. In L. S. Greenberg, J. C. Watson, & G. Lietaer (Eds.), *Handbook of experiential psychotherapy* (pp. 28-57). New York, NY: Guilford Press.

Greenberg, L. S., & Watson, J. (2006). *Emotion-focused therapy of depression*. Washington, DC: American Psychological Association. http://dx.doi.org/10.1037/11286-000

Inman, A. G., & Ladany, N. (2014). Multicultural competencies in psychotherapy supervision. In F. T. L. Leong (Ed.), *APA handbook of multicultural psychology: Vol. 2. Applications and training* (pp. 643-658). Washington, DC: American Psychological Association.

Ivey, A. (1971). *Microcounseling: Innovations in interviewing training*. Springfield, IL: Charles C Thomas.

Johnson, S., Hunsley, J., Greenberg, L., & Schindler, D. (1999). Emotionally focused couples therapy: Status & challenges (a meta-analysis). *Journal of Clinical Psychology: Science and Practice, 6*, 67-79.

Johnson, S. M. (2004). *The practice of emotionally focused couples therapy: Creating connection* (2nd ed.). New York, NY: Brunner-

Routledge.

Ladany, N. (2002). Psychotherapy supervision: How dressed is the emperor? *Psychotherapy Bulletin, 37*, 14-18.

Ladany, N., Friedlander, M. L., & Nelson, M. L. (2005). *Critical events in psychotherapy supervision: An interpersonal approach*. Washington, DC: American Psychological Association. http://dx.doi.org/10.1037/10958-000

Ladany, N., Friedlander, M. L., & Nelson, M. L. (2016). *Supervision essentials for the critical events in psychotherapy supervision model*. Washington, DC: American Psychological Association.

Ladany, N., & Walker, J. A. (2003). Supervisor self-disclosure: Balancing the uncontrollable narcissist with the indomitable altruist. *Journal of Clinical Psychology, 59*, 611-621. http://dx.doi.org/10.1002/jclp.10164

Lane, R. (2008). Neural substrates of implicit and explicit emotional processes: A unifying framework for psychosomatic medicine. Presidential address to the American Psychosomatic Society. *Psychosomatic Medicine, 70*, 214-230. http://dx.doi.org/10.1097/PSY.0b013e3181647e44

May, R., & Yalom, I. (2005). Existential psychotherapy. In R. J. Corsini & D. Wedding (Eds.), *Current psychotherapies* (7th ed., pp. 29-298). Belmont, CA: Brooks/Cole.

Missirlian, T. M., Toukmanian, S. G., Warwar, S. H., & Greenberg, L. S. (2005). Emotional arousal, client perceptual processing, and the working alliance in experiential psychotherapy for depression. *Journal of Consulting and Clinical Psychology, 73*, 861-871. http://dx.doi.org/10.1037/0022-006X.73.5.861

Montagno, M., Svatovic, M., & Levenson, H. (2011). Short-term and long-term effects of training in emotionally focused couple therapy: Professional and personal aspects. *Journal of Marital and Family Therapy, 37*, 380-392. http://dx.doi.org/10.1111/j.1752-0606.2011.00250.x

Neufeldt, S. A., Beutler, L. E., & Banchero, R. (1997). Research on supervisor variables in psychotherapy supervision. In C. E. Watkins Jr. (Ed.), *Handbook of psychotherapy supervision* (pp. 508-524). Hoboken, NJ: John Wiley & Sons.

Pagell, W. A., Carkhuff, R. R., & Berenson, B. G. (1967). The predicted differential effects of the level of counselor functioning upon the level of functioning of outpatients. *Journal of Clinical Psychology, 23*, 510-512. http://dx.doi.org/10.1002/1097-4679(196710)23:4〈510::AID-JCLP22702 30438〉 3.0.CO;2-7

Palmer-Olsen, L. (2007). *A phenomenological exploration of the EFT therapist's experience of EFT supervision and training* (Unpublished doctoral dissertation). Alliant International University, San Diego.

Pascual-Leone, J. (1991). Emotions, development and psychotherapy: A dialecticalconstructivist perspective. In J. D. Safran & L. S. Greenberg (Eds.), *Emotion, psychotherapy and change* (pp. 302-335). New York, NY: Guilford Press.

Perls, F. S., Hefferline, R., & Goodman, P. (1951). *Gestalt therapy*. New York, NY: Dell.

Rice, L. N., & Greenberg, L. S. (1984). *Patterns of change: Intensive analysis of psychotherapy process*. New York, NY: Guilford Press.

Rice, L. N., & Kerr, G. P. (1986). Measures of client and therapist vocal quality. In L. S. Greenberg & W. M. Pinsof (Eds.), *The psychotherapeutic process: A research handbook* (pp. 73-105). New York, NY: Guilford Press.

Rice, L. N., & Wagstaff, A. K. (1967). Client voice quality and expressive style as indexes of productive psychotherapy. *Journal of Consulting*

Psychology, 31, 557-563. http://dx.doi.org/10.1037/h0025164

Rogers, C. R. (1980). *Way of being*. Boston, MA: Houghton Mifflin.

Russell, R. K., & Petrie, T. (1994). Issues in training effective supervisors. *Applied & Preventive Psychology, 3*, 27-42. http://dx.doi.org/10.1016/ S0962-1849(05)80106-4

Safran, J. D., Crocker, P., McMain, S., & Murray, P. (1990). Therapeutic alliance rupture as a therapy event for empirical investigation. *Psychotherapy: Theory, Research, Practice, Training, 27*, 154-165. http://dx.doi.org/10.1037/0033-3204.27.2.154

Wampold, B. E., & Budge, S. L. (2012). The 2011 Leona Tyler Award address: The relationship-and its relationship to the common and specific factors of psychotherapy. *The Counseling Psychologist, 40*, 601-623. http://dx.doi.org/10.1177/0011000011432709

Warwar, S., & Greenberg, L. S. (2000). Advances in theories of change and counseling. In S. D. Brown & R. W. Lent (Eds.), *Handbook of counseling psychology* (3rd ed., pp. 571-600). New York, NY: John Wiley & Sons.

Watkins, C., Budge, S., & Callahan, J. (2015). Common and specific factors converging in psychotherapy supervision: A supervisory extrapolation of the Wampold/Budge psychotherapy relationship model. *Journal of Psychotherapy Integration, 25*, 214-235. http://dx.doi.org/10.1037/ a0039561

Yalom, I. D. (1980). *Existential psychotherapy*. New York, NY: Basic Books.

찾아보기

저자 소개

Leslie S. Greenberg 박사는 캐나다 토론토에 소재하는 York University 심리학과의 저명한 연구 명예 교수다. 그는 개인과 커플을 치료하는 정서 중심적 접근에 관한 주요 도서들을 저술해 왔다. 대표 저서로는 『심리치료에서의 정서』(1986), 『커플을 위한 정서중심치료』(1988), 『정서 변화 촉진하기』(1993), 『정서 중심 커플 치료: 정서, 사랑, 힘의 역동』(2008), 『정서중심치료: 이론과 실제』(2010), 『정서중심치료에서 서사적 이야기 작업하기: 이야기를 변화하기, 삶을 치유하기』(2011), 『치료적 현존』(2012) 등이 있다. 그는 변화의 과정에 대해 광범위하게 저술해 왔다. Greenberg 박사는 Carl Rogers 상과 미국심리학회의 탁월한 응용 연구 전문가 기여 상, 심리치료연구 국제협회의 탁월한 연구 경력상, 캐나다심리학회의 탁월한 심리학 기여 상 등을 받았다. 그는 개인과 커플을 치료하는 개인 상담소를 운영하며 전 세계를 다니며 정서 중심적 접근에 관심 있는 사람들을 수련하고 있다.

Liliana Ramona Tomescu 박사는 캐나다 온타리오 심리학자 대학의 임상심리학자이다. 그녀는 루마니아 출신으로 Greenberg 박사의 지도하에 York University에서 임상심리학으로 박사학위를 취득하였으며 정신역동, 인본주의, 정서중심치료 수련을 받았다. 심리치료과정 연구에 특별히 관심이 있으며 미국심리학회 제39분과(정신분석)의 학술상을 비롯해 다양한 학술상을 받았다. 대인관계 상처로 인한 우울증의 해결에서 정서, 특히 분노를 적응적이면서도 적절하게 표현하는 것의 역할을 깊이 연구하였다. 현재 그녀는 사설 상담소에서 일하고 있는데 기분, 불안, 적응과 스트레스 문제, 정서 조절 결여, 성격 장애를 지닌 성인 내담자들에게 심리치료와 종합 심리검사를 제공하고 있다.

역자 소개

한기백 박사는 현재 서강대학교 교육대학원 상담심리전공 교수이자 일반대학원 멘탈코칭과 창의적 리더십 박사과정(정서중심치료 세부전공) 교수이다. 한 박사는 미국 University of North Texas 심리학과에서 상담심리학 박사학위(Ph.D.)를 취득하였다. 2018년부터 정서중심치료의 창시자인 Leslie Greenberg 박사로부터 개인 수퍼비전을 받고 있으며, 현재 국제정서중심치료학회(ISEFT) 공인 정서중심치료사이자 수퍼바이저로 활동하고 있다. 한 박사는 정서중심치료(EFT)가 한국 문화에 매우 적합하고 한국인과 한국사회의 정신건강 증진에 크게 이바지할 것이라는 신념으로 한국정서중심치료연구회(KIEFT)를 설립하였으며, 제자 및 동료들과 EFT의 발전과 토착화 작업에 전념하고 있다. 세 권의 정서중심치료 도서(『정서중심치료 2판』, 『정서중심치료 의도적 연습』, 『정서중심치료 수퍼비전의 핵심』)을 번역하였고, 현재 제자들과 두 권의 정서중심치료 도서를 공동 번역하고 있다. 한국심리유형학회 학회장과 편집위원장, 한국인간중심 및 체험상담학회 학회장, 한국상담심리학회와 한국상담학회 임원을 역임하였으며 현재 한국정서중심치료연구회 회장이다. 대학과 지역사회에서 정서중심치료자이자 상담심리전문가(한국상담심리학회)로 개인치료와 부부치료, 후학을 위한 수퍼비전을 수행하고 있다.

정서중심치료 수퍼비전의 핵심

Supervision Essentials for Emotion-Focused Therapy

2025년 9월 10일 1판 1쇄 인쇄
2025년 9월 15일 1판 1쇄 발행

지은이 • Leslie S. Greenberg · Liliana Ramona Tomescu
옮긴이 • 한기백
펴낸이 • 김진환
펴낸곳 • (주)학지사
04031 서울특별시 마포구 양화로 15길 20 마인드월드빌딩
대표전화 • 02-330-5114 팩스 • 02-324-2345
등록번호 • 제313-2006-000265호

홈페이지 • http://www.hakjisa.co.kr
인스타그램 • https://www.instagram.com/hakjisabook/

ISBN 978-89-997-3516-5 93180

정가 17,000원

역자와의 협약으로 인지는 생략합니다.
파본은 구입처에서 교환해 드립니다.